Köhler Gedankensplitter

AF236839

Wiebke Köhler

Gedankensplitter

zu den Losungen und Lehrtexten in der Zeit
der Corona-Pandemie

Einbeck 2020

Bibliografische Information der Deutschen Nationalbibliothek: Die Deutsche Nationalbibliothek ver-
zeichnet diese Publikation in der Deutschen Natio-
nalbibliografie; detaillierte bibliografische Daten
sind im Internet über dnb.dnb.de abrufbar.

Umschlaggestaltung: Kirsten Gattermann

Lektorat und Satz: Dr. Henning P. Jürgens

Herstellung und Verlag: BoD – Books on Demand,
Norderstedt

ISBN: 978-3-7526-8744-6

Nachwort als Vorwort:
Was hat Corona mit uns gemacht?

Dieses kleine Buch ermöglicht es, die Texte nachzu-
lesen, die ich seit dem 16. März 2020 täglich für die
Website der Evangelisch-lutherischen Kirchengemeinde Einbeck geschrieben und als Podcast aufgenommen habe. Fast immer habe ich die Tageslosung genutzt, um mich zur aktuellen Situation zu
äußern.

So kann man jetzt vierzig persönliche Meditatio-
nen zu biblischen Texten lesen und Tag für Tag
nachvollziehen, wie ich auf die sich entfaltende
Pandemielage reagiert habe. Das Medium Buch er-
leichtert es gegenüber dem Podcast und der Web-
seite zu blättern, zu stöbern und neue Zusammenhänge herzustellen.

Seit damals haben wir in unserer Kirchengemeinde einen kreativen Sommer erlebt, in dem wir
alles draußen gemacht haben, was drinnen nicht zu
verantworten war: Sitzungen, Chorproben, Gottesdienste, Besuche, Konfirmandenunterricht ... „Im
Freien" lautete die Parole, denn so war man freier

von Ansteckungsängsten. Erstaunlich, wie viel mehr Vergnügen man selbst in langen Dienstbesprechungen im Garten des Gemeindehauses bei Sonnenschein und Vogelgesang erleben konnte. Zum Glück bauen wir ein neues Gemeindehaus, dessen großer Saal sich jederzeit zum Garten hin weit öffnen lassen wird. Dann können wir an die Erfahrungen des Sommers 2020 anknüpfen.

Mit zunehmender Dunkelheit und abnehmender Wärme wurde im Spätherbst aber klar, dass die Pandemielage sich wieder erheblich verschärfte.

Letztlich haben wir nun ein Jahr ohne Ostergottesdienste und eine ungewöhnliche Weihnachtssaison hinter uns (die Kälte in der Münsterkirche machte die Bedingungen damals in Bethlehem fühlbar). Wir haben viele unserer Hoffnungen immer wieder anpassen und vertagen müssen.

Aber wir haben auch gelernt, was uns trotz Lockdown trägt. Biblisch gesprochen fühlt es sich etwa so an:

Ertragt einer den andern in Liebe und seid darauf bedacht, zu wahren die Einigkeit im Geist durch das Band des Friedens: ein Leib und ein Geist, wie ihr auch berufen seid zu einer Hoffnung eurer Berufung; ein Herr, ein Glaube, eine Taufe; ein Gott und Vater aller, der da ist über allen und durch alle und in allen. (Epheser 4,2b–6)

Trotz dieser einleuchtenden Interpretationshilfe durch den Epheser-Brief spüren wir die Anstrengung. Das Organisieren von allem, was man nicht tun darf, bleibt frustrierend. Und die Sehnsucht nach unverstellter Gemeinschaft wächst immer mehr.

Für mich ist die Fertigstellung dieses Büchleins ein Lichtblick: Ich danke herzlich meinem Bruder Henning P. Jürgens für die Einrichtung der Druckvorlage und die ständige Beratung, Anya Pusch für das sorgfältige Korrekturlesen, der St. Alexandri Stiftung Einbeck für den Druckkostenzuschuss und Kirsten Gattermann für die schöne graphische Gestaltung des Buches.

Mitten im kalten Winter am Epiphanias-Tag 2021

Wiebke Köhler

Losung und Lehrtext am 16. März

Ich rufe zu Gott, dem Allerhöchsten, zu Gott, der meine Sache zum guten Ende führt.

Psalm 57,3

Wer beharrt bis an das Ende, der wird selig.

Markus 13,13

Die Losungen sind kurze Verse, die man einfach ohne weiteres auf sich selbst und die momentane Situation beziehen darf. Man kann sie benutzen, wie man täglich viele kleine Rituale dazu benutzt, den Tag zu strukturieren und ihm ein freundliches Gesicht zu verleihen.

„Meine Sache zum guten Ende führen", das können wir in diesen Tagen wirklich gebrauchen. Was wir jetzt mit uns erleben, ist völlig neu. Wir sollen uns auf uns selbst zurückziehen. Zuhause bleiben, den Kontakt mit anderen meiden, das öffentliche Leben abwürgen – wie absurd ist das denn? Es soll, wenn es klappt, dazu führen, dass sich der Virus nicht so schnell ausbreitet. Dieser Virus ist nämlich aggressiv und liebt die Gesellschaft von freundlichen, offenen, herzlichen Menschen, die sich gerne treffen. Die den Frühling genießen wollen, die gerne Essen gehen und Freunde treffen, wo immer Zeit dafür ist. So sind wir. Jedenfalls oft und gerne. Und im Moment geht das nicht. Man muss sich richtig zusammenreißen, um Menschen nicht die Hand zu geben, um sich nicht zu verabreden, um sich nicht zu umarmen. Und alle Pläne zerrinnen im verordneten Stillstand. Hochzeit verschieben, Taufen verschieben, Geburtstagsfeiern verschieben ... Ich weiß gar nicht, wie oft ich in letzter

Zeit gehört habe: „Das haben wir in den Herbst ver-
schoben ...“. Es wird wohl ein heißer Herbst werden.

Hoffentlich geht alles am Ende halbwegs gut aus.
Dafür bete ich:

Dass sich die ganze Mühe lohnt.
Dass die Verluste an Menschenleben so gering
wie möglich bleiben.
Dass wir bald auf Impfstoffe zugreifen können.
Dass die vielen Menschen, die sich jetzt um an-
dere kümmern, auch merken, wie dankbar wir
für ihren Einsatz sind.
Dass wir einander beistehen und uns, so gut es
geht, auf die Herausforderungen einstellen.
Dass die finanziellen Verluste kalkulierbar blei-
ben und sich letztlich ausgleichen lassen.
Dass wir uns bald alle wiedersehen ...
Ich rufe zu Gott, dem Allerhöchsten, zu Gott, der
meine Sache zum guten Ende führt.

Losung und Lehrtext am 17. März

Dein Knecht lässt sich durch deine Gebote warnen.

Psalm 19,12

Übe dich darin, den Willen Gottes zu tun!

1. Timotheus 4,7 /GNB

Manchmal hat man den Eindruck, als wollten die Losungen so ein kleines Übungsprogramm für den Tag in Gang bringen. Die Losung für heute wurde ja, wie immer zwei Jahre vorher, also im Mai 2018, aus einer Sammlung von 1874 alttestamentlichen Versen ausgelost. Es regiert der Zufall, allerdings ist dann der Text aus dem 1. Brief des Timotheus dazu passend ausgewählt worden. Das Thema heute ist also: Halte dich an die guten Gebote, und versuch' immer wieder das Richtige und Angemessene zu tun. Nicht ganz leicht im Moment!

Es gibt viele Dinge, die wir beachten sollen:

Wir sollen genügend Abstand zueinander halten.
Wir sollen uns nicht unnötig besuchen oder verreisen.
Wir sollen keine unnötige Panik aufkommen lassen.
Wir sollen uns aber um die Mitmenschen kümmern, die auf Hilfe angewiesen sind. Die Älteren sollen sich von Jüngeren helfen lassen.
Wir sollen uns über die neuesten Entwicklungen informieren.
Wir sollen uns nicht von „Fake-News" verrückt machen lassen.

Das mit den Fake-News steht übrigens schon im vorderen Teil des Verses aus dem 1. Timotheus-

Brief: Luther übersetzt sehr überzeugend: *„Die ungeistlichen Altweiberfabeln aber weise zurück: übe dich aber in der Frömmigkeit!"* Das wäre natürlich mal etwas, wenn man im Netz, bei Twitter oder WhatsApp usw. angesichts des häufig auftretenden, höheren Blödsinns schreiben würde: „Deine ungeistlichen Altweiberfabeln weise ich zurück!"

Mich irritierte beim ersten Lesen übrigens das Wort „Knecht". Mich selbst als „Magd" zu verstehen, fällt mir schwer. Aber dann habe ich mich gefragt, was diese Selbstaussage heute bedeutet. *Die von dir, Gott, Überzeugte lässt sich durch deine Gebote warnen,* so könnte ich sagen. Dazu stehe ich, dass man, wenn man Gott vertraut, auch versucht, seine Gebote umzusetzen. Sie sind zwar nicht unanstrengend. Aber je länger man sich mit ihnen auseinandersetzt, desto mehr gewinnen sie an Selbstverständlichkeit. Sie tun nicht nur mir gut, sondern ihre Auswirkungen haben ja den Anspruch, für alle Menschen Gutes zu bewirken. Und wir sind damit auch nicht allein unterwegs.

Ich wünsche uns allen, dass wir uns immer dabei unterstützen, das Gute zu tun, Gott ernst zu nehmen und Liebe zu üben.

Losung und Lehrtext am 18. März

Es wartet alles auf dich, dass du ihnen Speise gebest zu seiner Zeit. Wenn du ihnen gibst, so sammeln sie; wenn du deine Hand auftust, so werden sie mit Gutem gesättigt.

Psalm 104, 27–28

Ihr habt schon geschmeckt, dass der Herr freundlich ist.

1. Petrus 2,3

Heute geht es ums Essen: „Angst essen Seele auf" ist der Titel eines Films von Rainer Werner Fassbinder. Der Titel ist inzwischen sprichwörtlich. Und es stimmt – Angst lässt die Seele schrumpfen, vertrocknen. Mit der Angst bekommen wir es im Moment ja zu tun. Sie geht unter uns um wie ein unheimlicher Gast. Manchmal weiß man gar nicht, warum gerade alles so seltsam ist, so unwirklich. Morgens beim Aufwachen muss ich mich konzentrieren, um mich zu erinnern, dass sich jetzt der Alltag völlig verändert, und zwar jeden Morgen anders und aufs Neue.

Die Angst frisst an uns, ernährt sich von unseren Seelen, und das beschädigt uns. Dagegen erhebt die Losung Einspruch: Gott gibt uns, was wir brauchen. Er schafft die Voraussetzungen, er stiftet sogar die Hoffnung auf sein Handeln. Und dann werden wir mit Gutem gesättigt.

Was wir als Christen im Moment erleben ist ja, dass wir merken, es fehlt was, wenn wir nicht mal eben in die Münsterkirche gehen können, um am Friedensleuchter eine Kerze anzuzünden. Wir merken, selbst wenn wir nicht gerade heute hingehen wollen, ist es für uns wichtig, dass sonntags ein Gottesdienst stattfindet. Einige treffen sich einfach jeden Wochentag abends um 18 Uhr vor der Marktkirche, halten ein Schwatz, gehen hinein zum Abendgebet und läuten so den Abend ein.

Wir alle haben unsere Gewohnheiten, unsere Zeiten und Momente, bei denen wir auf unser „Seelenfutter" warten ...

Denn wir haben schon geschmeckt, wie freundlich Gott ist. Wie gut es ist, ihm nahe zu sein. Gegen die Angst hilft manchmal ein gutes Essen, am besten allerdings im Kreis von lieben Menschen. Das wäre schön, wenn wir uns jetzt untereinander treffen könnten und uns unsere Seelen wieder gesund füttern könnten. So ist es wohl aber nicht immer möglich. Wenn es möglich ist, dann sollte man aus jeder Mahlzeit mit einer anderen Person ein kleines Fest machen. Und für die, die jetzt häufiger alleine essen, gilt das schöne, alte Gebet: „Komm, Herr Jesu, sei du mein Gast und segne, was du uns bescheret hast."

Losung und Lehrtext am 19. März

Der Herr wandte sich Israel wieder zu um seines Bundes
willen mit Abraham, Isaak und Jakob und wollte sie nicht
verderben, verwarf sie auch nicht von seinem Angesicht
bis auf diese Stunde.

2. Könige 13,23

Gottes Gaben und Berufung können ihn nicht gereuen.

Römer 11,29

„Wohlstandstrotz", so nannte der ZEIT-Autor Lenz
Jacobsen gestern das Verhalten eigentlich aller Al-
tersgruppen, die trotz der Krise keine der gebote-
nen Spielregeln einhalten. Ein ganz neues Wort,
eine neue Art der Aufmüpfigkeit, fahrlässiges Ge-
habe, das die Brisanz des Corona-Virus ignoriert
auf Kosten der Allgemeinheit.

Unsere Losung heute ist ein Vers aus dem zweiten Buch der Könige. Der Vers formuliert eine Art
Ausblick auf die Geschichte des Königs Joasch, dem
es gelang, einige an den König von Aram verlorene
Städte zurück zu erobern. Gott bleibt seinem Bund
mit Israel treu. Er will nicht seinen Untergang.

Wenn man will, und das Prinzip Losungen stellt
es uns frei, könnten wir sagen: Im Moment führen
wir auch einen merkwürdigen Kampf gegen eine
Krankheit, deren Verlauf wir ausbremsen wollen.
Dabei müssen wir unseren Wohlstandstrotz über-
winden. Wir müssen jetzt selbstverständliche Frei-
heiten aufgeben. Unsere Gesellschaft schätzt extro-
vertierte, offene, gesellige Menschen, die ihr Leben
selbstbewusst und engagiert gestalten. Und viele
genießen in nicht geringem Maße einen gewissen

Wohlstand, der es uns ermöglicht, eigene Wünsche und Ziele umzusetzen.

„Gottes Gaben und Berufung können ihn nicht gereuen." Dass sagt der Apostel Paulus im Römerbrief über das Verhältnis von Juden und den frühen Christen. Gott fällt nicht hinter seine Verheißungen zurück. Er bleibt ein zugewandter Gott, beiden gegenüber, Juden und Christen.

Vor diesem Hintergrund ermutigen uns heute Losung und Lehrtext, zugegebenermaßen ziemlich verklausuliert, weiterhin auf Gott zu vertrauen. Wohlstandstrotz ist nur eine eher unangenehme Auswirkung in den vergangenen Tagen. Eine andere ist die selbstverständliche Hilfsbereitschaft vieler Menschen. Nachbarn kaufen füreinander ein. Freunde rufen an, um die selbstverordnete Einsamkeit zu teilen und zu bekämpfen. Gott hat immer freundlich und frei gute Gaben und wunderbare Berufungen an Menschen verteilt. Das bleibt so und das führt zu dem, was Jesus dann „selig" genannt hat.

Selig seid ihr, wenn ihr einfach lebt. / Selig seid ihr, wenn ihr Lasten tragt.
Selig seid ihr, wenn ihr lieben lernt. / Selig seid ihr, wenn ihr Güte wagt.
Selig seid ihr, wenn ihr Leiden merkt. / Selig seid ihr, wenn ihr ehrlich bleibt.
Selig seid ihr, wenn ihr Frieden macht. / Selig seid ihr, wenn ihr Unrecht spürt.

Text: Friedrich Karl Barth/Peter Horst;
Melodie: Peter Janssens
Zum Mitsingen: www.evangeliums.net/lieder/lied_selig_seid_ihr_wenn_ihr_einfach_lebt.html

Losung und Lehrtext am 20. März

Der Herr deckt mich in seiner Hütte zur bösen Zeit, er birgt mich im Schutz seines Zeltes.

Psalm 27,5

Darum bin ich guten Mutes in Schwachheit, in Misshandlungen, in Nöten, in Verfolgungen und Ängsten um Christi willen; denn wenn ich schwach bin, so bin ich stark.

2. Korinther 12,10

Als Kind habe ich mit meinem Bruder Höhlen gebaut. Mit vielen Wolldecken, die unsere verständnisvolle Mutter zur Verfügung stellte. Dann saßen wir im Kinderzimmer unter dem mit Decken verhängten Tisch auf unseren Kopfkissen und unterhielten uns. Es war sehr warm und ziemlich dunkel und gemütlich. Und manchmal spielten wir auch Krieg. Wir hatten von Flucht und Bombenangriffen eine vage Ahnung durch die Erzählungen, die man damals überall hören konnte. Wir überlegten uns: Was brauchen wir, wenn das Haus kaputt ist. Mein Bruder rettete seine Holzeisenbahn, dann war es schon ziemlich voll in der Höhle. Wir brauchten auch noch Proviant und holten deshalb aus der Speisekammer Ananas-Dosen und je eine Dose „Weiße Bohnen" und „Erbsen und Wurzeln", außerdem ein noch in Cellophan eingepacktes Honigbrot. Ich rettete meine Käthe-Kruse-Puppe, von der ich annahm, dass sie mit Vornamen Käthe und mit Nachnamen Kruse hieß, sie hatte auch eine Schwester, die später dazu kam und deshalb Elke Kruse hieß.

An diese Spiele muss ich jetzt denken. Elke und Käthe Kruse sitzen immer noch auf dem Regal neben meinem Bett und gucken ernst, aber tröstlich.

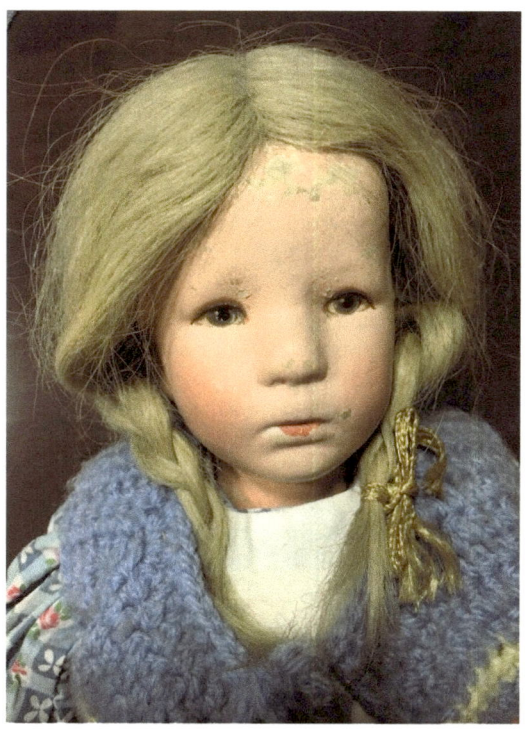

Und die Losung des Tages lädt mich in Gottes Zelt ein. Irgendwie ist diese Zeit gerade tatsächlich böse. Alles hat einen doppelten Boden. Man sehnt sich nach Wärme und menschlicher Gemeinschaft und soll möglichst im Haus bleiben oder zwei Meter Abstand zu den Mitmenschen wahren.

Der Apostel Paulus redet deshalb ziemlich trotzig von dem Ärger, den er im Laufe seiner Bekanntschaft mit den Christen in Korinth erlebt hat. Ich kann das jetzt ganz gut nachfühlen: machtlos gegenüber dem Virus, eingeschränkt in meinem Alltag, voller Sorgen um Menschen, die ich mag, und Sorgen um die Zukunft. Aber Gott und Christus sind diejenigen, die Schwachheit nicht verachten. Paulus hört im Gebet Gott, der sagt: „Meine Kraft ist in den Schwachen mächtig."

Die Käthe-Kruse-Puppe habe ich übrigens zur Taufe bekommen, meine Patentante hatte sie 1939 von ihrer Patentante bekommen. Käthe hat also schon den zweiten Weltkrieg hinter sich, mindestens zehn Umzüge, und sie teilt schon immer meine nächtlichen Sorgen mit mir.

Heute Abend kann ich mich in meine Decke wickeln und zu ihr sagen: *Der Herr deckt mich in seiner Hütte zur bösen Zeit, er birgt mich im Schutz seines Zeltes.*

Losung und Lehrtext am 21. März

*Der Herr spricht: Ich will Frieden geben in eurem Lande,
dass ihr schlaft und euch niemand aufschrecke.*

3. Mose 26,6

*Der Friede Gottes, der höher ist als alle Vernunft, wird
eure Herzen und Sinne in Christus Jesus bewahren.*

Philipper 4,7

Ich empfinde heute mehr Angst als gestern. Die
Zahlen der Erkrankten steigen exponentiell, und
obwohl sich die Ausbreitung durch die Einschrän-
kungen in unserem Leben verlangsamt hat, gehen
auch wir auf eine Situation zu, wie sie jetzt schon in
Italien herrscht. Alle 2,9 Tage verdoppelt sich statis-
tisch gesehen die Anzahl der Erkrankten und damit
das Maß unserer Befürchtungen.

Friede ist also ein kostbares Gut im Moment,
denn nur wer verdrängen kann was vorgeht, kann
sich eine Art Gedankenfrieden erschwindeln. Doch
in der Losung von heute hören wir ein Versprechen
Gottes: Schlaf ohne Sorgen, denn es herrscht göttlicher Friede.

Es dauert immer etwas, bis eine tiefgreifende
Veränderung, ein Trauma, sich in unseren Träumen niederschlägt. Unsere Kapazitäten etwas
Neues, überwältigend Fremdes zu verstehen, sind
begrenzt. Wir sind Gewohnheitstiere. Und wir sind
Sorgentiere. Unsere Einsichtsfähigkeit reagiert immer noch am besten auf Negatives. Wenn uns etwas
droht, handeln wir spontan aus Angst und ändern
schließlich auch unser Verhalten.

Deshalb sind die beiden Verse von heute fast zu viel des Guten. Von Frieden kann ja keine Rede sein. Uns quälen die Statistiken, uns erschrecken die Bilder und Berichte aus Italien. Der Blick in die Zukunft ist gleichzeitig vage unheimlich und konkret bedrohlich.

Was kann man tun? Die Losung stammt aus einem langen Abschnitt des 3. Mose-Buches, den man das Heiligkeitsgesetz nennt. Gottes Heiligkeit wirkt sich auf die Heiligkeit seines Volkes Israel aus und durchdringt mit ihrem Segen alle, die Gottes Gebote halten. Hier kommt Heiligkeit und Segen dadurch zu Stande, dass Gottes Gebote in den Menschen wirken.

Und so ist es auch jetzt. Wir sollten einfach tun, was nötig ist. Was sich nahelegt. Was solidarisch mit unser aller Situation ist. Mehr geht nicht. Und Gott wird Frieden stiften, der größer ist als wir vernünftigerweise erhoffen können.

Wir sind durch diese beiden Verse vielleicht privilegiert, die Situation heute schon von ihrem Ende her betrachten zu dürfen. Denn Gottes Friede, der unsere Einsichten und Perspektiven immer bei weitem übersteigt, wird uns schließlich ganz und gar in Christus Jesus auffangen.

Das wünsche ich uns allen.

Andacht am Sonntag Laetare, 22. März, in der Münsterkirche Einbeck

Liebe Gemeindemitglieder,

wir alle vermissen die Möglichkeiten, die es sonst gab – wir vermissen Menschen, Umarmungen und Nähe, gemeinsames Essen, Lachen, spontane Treffen, Gottesdienste und den Kirchenkaffee, gemeinsame Aktionen, Ausflüge, Verwandtenbesuche, Urlaub – die Liste ist endlos.

Dennoch ist heute Sonntag, und diese Andacht soll Sie daran erinnern.

Auch unter diesen Umständen gilt: Die Gnade unseres Herrn Jesus Christus, die Liebe Gottes und die Gemeinschaft des Heiligen Geistes sei mit euch allen. Amen

Heute ist der Sonntag Laetare. Entgegen unserer momentanen Stimmung heißt dieser Sonntag der Passionszeit übersetzt: „Freuet euch!"

Natürlich kann man sich nicht auf Zuruf einfach so losfreuen. Es gibt aber diese Sehnsucht nach Freude, die Erinnerung an wunderbare Momente. Ein berühmtes Kirchenlied, das schon seit den Zeiten des Dreißigjährigen Krieges gesungen wird, ist heute das Wochenlied, das Lied dieses Sonntags. Und auch hier findet sich diese Mischung zwischen der aktuellen Lage, wie sie nun gerade mal ist, und der Sehnsucht nach der Freude an Gott.

EG Nr. 396, 1–3 &6:

1 Jesu, meine Freude,
    meines Herzens Weide,
    Jesu, meine Zier,
    ach wie lang, ach lange
    ist dem Herzen bange
    und verlangt nach dir!
    Gottes Lamm, mein Bräutigam,
    außer dir soll mir auf Erden
    nichts sonst Liebers werden.

Es ist ein Lied aus der Barockzeit und in der Dichtung damals geht es auch barock zu. Viele Bilder, viele Gefühle, Überschwang. Das mit dem „bangen Herzen" können wir allerdings sofort nachvollziehen in unserer Gegenwart.

2 Unter deinem Schirmen
    bin ich vor den Stürmen
    aller Feinde frei.
    Lass den Satan wettern,
    lass die Welt erzittern,
    mir steht Jesus bei.
    Ob es jetzt gleich kracht und blitzt,
    ob gleich Sünd und Hölle schrecken,
    Jesus will mich decken.

Sonntag ist tatsächlich der Tag, der uns vor allem Bösen abschirmen will. Hoffentlich stellt sich heute auch bei Ihnen, liebe Zuhörer*innen, eine gewissen Ruhe ein. Ein Virologe, der jetzt täglich in den Medien interviewt wird, sagte kürzlich, er habe es sich zur Regel gemacht, ab 17:00 Uhr keine Nachrichten mehr zu sehen oder zu hören. Er informiert sich über die Entwicklungen morgens, abends braucht er Ruhe und Zeit zum Durchatmen

3 Trotz dem alten Drachen,
  trotz dem Todesrachen,
  trotz der Furcht dazu!
  Tobe, Welt, und springe;
  ich steh hier und singe
  in gar sicherer Ruh.
  Gottes Macht hält mich in acht;
  Erd und Abgrund muss verstummen,
  ob sie noch so brummen.

Trotz ist ein Gefühl, das viel freisetzen kann. Nur trotzig und laut singend können dunkle Räume durchwandert werden. Manchmal gibt uns der Trotz richtig Energie. Ulrike Hastedt hat für uns diese Solo-Strophe gesungen und darüber hinaus Harmonie gestiftet. Denn unsere Stimmen können dazu beitragen, Mut zu machen und Raum für Gottes Macht zu schaffen. Der alte Virus-Drache soll doch woanders brummen.

6 Weicht, ihr Trauergeister!
  denn mein Freudenmeister,
  Jesus, tritt herein.
  Denen, die Gott lieben,
  muss auch ihr Betrüben
  lauter Freude sein.
  Duld ich schon hier Spott und Hohn,
  dennoch bleibst du auch im Leide,
  Jesu, meine Freude.

Das Wortbild vom „Freudenmeister" finde ich besonders schön. Jesus ist unser Freudenmeister und kommt zu uns, um alles andere aus dem Raum zu verweisen.

Freudenmeister verwandeln Traurigkeiten in Freude, so, wie Jesus auf der Hochzeit zu Kana das Wasser zum Waschen in Wein zum Feiern verwandelt hat. Oder so, wie man manchmal trotz oder gerade wegen der Corona-Krise plötzlich Anrufe von Menschen erhält, die man lange nicht gehört hat. Denen, die Gott lieben, ist es auch in schwierigen Zeiten möglich, Freude und Zuversicht zu verbreiten und von anderen geschenkt zu bekommen. Dazu möchte ich uns alle ermutigen.

Fürbittengebet

> Jesus Christus, unser Bruder, unser Heiland,
> wir bitten dich jetzt für diese Welt und uns alle.
> Denn du hast genau hingesehen,
> aufmerksam zugehört und dann gesagt:
> „In der Welt habt ihr Angst"
> Ach ja, diese Welt ist gerade voller Ängste:
> Menschen machen böse Erfahrungen,
> eine neue Krankheit bedroht unser Leben und zerstört unseren Alltag.
> Wir bitten dich jetzt um Mut und Gelassenheit.
> Um die nötige Sorgfalt im Umgang miteinander und Klarheit in Konflikten.
> Wir bitten dich für die Menschen,
> die sich gerade besonders dem Dienst an Anderen verschrieben haben:
> in den Läden, die für uns geöffnet haben,
> in der Polizei und bei der Feuerwehr, in den Unfallhilfen,
> in den Krankenhäusern und Arztpraxen,
> in den Pflegeheimen und in der häuslichen Pflege.
> Sei du auch auf den Intensivstationen und den Palliativstationen, in den Verwaltungen und in der Politik.
> Sei uns nahe in den Familien und ihren Wohnungen.

Wir bitten dich um deinen guten Geist in den
Strukturen allerorten und überall in deiner
Schöpfung, die auf Erleichterung und neue
Hoffnung wartet.
Jesus Christus, du hast gesagt: In der Welt habt
ihr Angst, aber fasst Mut, ich habe die Welt
überwunden.
Wir bitten dich, teile und heile unsere Ängste,
damit wir dieser Welt gerecht werden
in der Hoffnung auf deine neue und ewige Welt.
Amen

Losung und Lehrtext am 23. März

HERR, du bist's allein, du hast gemacht den Himmel und aller Himmel Himmel mit ihrem ganzen Heer, die Erde und alles, was darauf ist, die Meere und alles, was darinnen ist.

Nehemia 9,6

Gott hat sich selbst nicht unbezeugt gelassen, hat viel Gutes getan und euch vom Himmel Regen und fruchtbare Zeiten gegeben, hat euch ernährt und eure Herzen mit Freude erfüllt.

Apostelgeschichte 14,17

„Kein Rückzug ins europäische Schneckenhaus", so forderte eine Journalistin im Deutschlandfunk angesichts der Lage an der türkisch-syrischen und der türkisch-griechischen Grenze. Und es wird wohl wieder miteinander geredet und verhandelt. Das ist bitter nötig. Genauso, wie die furchtbare Situation der Flüchtlinge auf den griechischen Inseln nicht einfach in Vergessenheit geraten darf.

Schneckenhaus ist gut, wenn man dadurch dem Corona-Virus das Spielfeld entziehen kann. Aber es ist keine Strategie für alle weiteren akuten Problemlagen. Den minderjährigen Flüchtlingen, die von einigen europäischen Ländern aufgenommen werden sollen, muss jetzt geholfen werden.

Wir gewöhnen uns gerade an unser Schneckenhaus-Dasein. Aber die Losung von heute reißt den Himmel auf und spricht von anderen Himmelssphären, von großen kosmischen Dimensionen.

Für alle von uns habe ich Nehemia noch einmal nachgeschlagen. Er war eine Art politischer Verwaltungsbeamter der Perser, der die durch die Babylonier zerstörte Stadtmauer in Jerusalem wiederaufgebaut hat. Er organisierte Strukturen und setzte politische Positionen durch. Aber er feiert auch mit den anderen aus Babylon heimgekehrten Juden Laubhüttenfest im noch nicht wieder aufgebauten Jerusalem. Das Bußgebet aller Versammelten beginnt mit den Worten unserer heutigen Losung.

Gott wohnt über vielen Himmeln. Wir wohnen unter vielen verschiedenen Himmeln. Rückzug ins Schneckenhaus blendet diese Perspektive aus. Egoistisches und chaotisches oder selbstmitleidiges Verhalten ist unangemessen. Das notwendige Exil in die Privatheit entlässt uns nicht in eine Verantwortungspause.

Aber auch das Gegenteil ist wahr. Man kann es aus dem Zusammenhang der Apostelgeschichte entnehmen: der Lehrtext zitiert hier einen Vers aus einer Verteidigungsrede des Paulus, der gemeinsam mit Barnabas nach einer wunderbaren Heilung eines Gelähmten für einen der Stadtgötter in der Stadt Lystra gehalten wird. Paulus und Barnabas stellen das richtig. Sie sind nicht Zeus oder Hermes, sondern sterbliche Menschen.

Verantwortungsdefizit durch Schneckenhaus ist falsch und Selbstvergötterung gepaart mit Selbstüberschätzung auch keine Lösung. Über uns und allen Menschen wölbt sich der Himmel – gestern blau und goldstrahlend. Wir Christen sehen in ihm auch eine Ermutigung Gottes, ein Zeichen seiner Herrlichkeit. Das soll unsere Herzen mit Freude erfüllen und uns für alles, was wichtig bleibt, stärken.

Losung und Lehrtext am 24. März

Der Herr ist gerecht in allen seinen Wegen und gnädig in allen seinen Werken.

Psalm 145,17

Darum lassen auch wir nicht ab für euch zu beten und zu bitten, dass ihr erfüllt werdet mit der Erkenntnis seines Willens in aller geistlichen Weisheit und Einsicht.

Kolosser 1,9

Fromm sein ist manchmal ganz schön anstrengend. Ich wäre gerne eine fromme Heldin des Alltags, aber eindeutig gut wäre es, wenn ich wüsste, dass da jemand für mich betet und darum bittet, dass ich *„mit der Erkenntnis des Willens Gottes und aller geistlichen Weisheit und Einsicht"* ausgerüstet werde.

Wenn nämlich zum Beispiel beim Einkaufen alles jetzt etwas schwieriger ist: Die Maßgabe mit den anderthalb Metern kann man nicht einhalten, weil einem irgendwie immer jemand schräg hart den Weg kreuzt, und dann sind auch noch die kleinen Dosen mit den Bohnen alle weg. Außerdem gibt es kein Mehl mehr und auch keine Hefe, und vor dem leeren Regal stehen zwei Menschen dicht beieinander und mutmaßen darüber, dass die anderen, die das Mehl mitgenommen haben, wahrscheinlich gar nicht alle backen können.

In diesen Momenten, wo es mit dem Heldin-des-Alltags-Sein nicht so klappt, fällt mir immer eine Figur aus einem meiner Lieblingsfilme ein: „Jenseits von Afrika". Ja, ich weiß, jetzt bitte nicht die Augen verdrehen, kitschig. Aber eine Lieblingsfigur aus diesem Film ist der Steward Farah Aden, ein

wunderbar würdevoller Muslim, der den Haushalt
für die Hauptheldin Tania Blixen irgendwie könig-
lich souverän regiert. Wenn alles den Bach runter-
geht, sagt er tröstlich und gelassen: „Gott ist groß,
Memsahib."

Diese Funktion erfüllt für uns wahrscheinlich die
heutige Losung. *„Der Herr ist gerecht in allen seinen
Wegen und gnädig in allen seinen Werken."* Wenn es
mal ungerecht und ungnädig zugeht, wenn die Sa-
chen sich irgendwie hart im Raume stoßen, dann
soll man wissen und fühlen, dass Gott er selbst
bleibt, gütig und gerecht.

Eigentlich heißt das islamische Stoßgebet, das Farah Aden für seine Tania hörbar macht: „Gott ist
größer – Allahu akbar"! Wir kennen es jetzt eher als
Schlachtruf islamistischer Terroristen. Sie haben es
der islamischen Alltagsfrömmigkeit entnommen
und schrecklich entstellt. Das ist traurig, denn dieser kurze, tröstliche und liebevolle Blick nach oben
zu Gott kann helfen, sich von einem akuten Schla-
massel vor Ort zu distanzieren.

Geistliche Weisheit und Einsicht wird jetzt von
uns verlangt. Heldinnen des Alltags. Als es losging
mit dem Projekt Hamsterkäufe, habe ich mir gewünscht, den Tarnumhang von Harry Potter zu be-
sitzen. „Und was willst du dann hamstern?" hat
mich meine Tochter gefragt. „Ich stelle es mir einfach schön vor, mit dem Umhang ungesehen durch
den Aldi zu schweben und fünf Pakete Parmesan zu
hamstern!" habe ich ihr geantwortet, und darüber
mussten wir lachen.

Lasst uns auch heute füreinander beten.

Losung und Lehrtext am 25. März

Wie kehrt ihr alles um! Als ob der Ton dem Töpfer gleich wäre, dass das Werk spräche von seinem Meister: Er hat mich nicht gemacht!, und ein Bildwerk spräche von seinem Bildner: Er versteht nichts!

Jesaja 29,16

Alle miteinander bekleidet euch mit Demut.

1. Petrus 5,5

Am Freitag ruft uns Papst Franziskus auf, sich ihm im Vaterunser um 12 Uhr mittags anzuschließen. Das ist eine gute ökumenische Initiative, die uns weltweit verbinden wird. Für unsere Kirchengemeinde haben wir auf der Website eine kleine Andacht zur Verfügung gestellt, die man am frühen Abend beim 18-Uhr-Läuten „zusammen allein in Einbeck" feiern kann. Die katholischen Gemeinden in Deutschland läuten zum Gebet um 21 Uhr. Das ist jetzt eine Erfahrung, die wir mit den christlichen Generationen vor uns teilen, dass es nämlich hilfreich ist, den Tag durch Gebetsmomente zu strukturieren. Im Gesangbuch finden sich Luthers Morgen- und Abendsegen, Tischgebete und Gebete zur Nacht. Das alles hilft gegen die Sorge und Angst, mit denen wir nun ja schon ganz routiniert umgehen und die uns trotzdem zu schaffen machen.

Was mir aber Sorge bereitet, sind Überlegungen von religiöser, nicht nur christlicher Seite. Es gibt die erstaunlichsten Mutmaßungen, was für eine Rolle Gott in dieser weltweiten Epidemie spielt. Da sind Priester, die sagen, dass die Hostie den Corona-Virus bei der Kommunion verbrennt. Es gibt evangelikale Kirchen in Brasilien und auch in afrikanischen Staaten, die weiterhin Gottesdienste mit vielen Hundert Teilnehmenden feiern. Die Gefahren der Ansteckung werden von den Geistlichen geleugnet, mit dem Argument, dass Gott seine Gläubigen davor bewahren wird, zu Opfern der Krankheit zu werden. Dahinter stehen aber handfeste wirtschaftliche Interessen. Die Spendensummen dieser Gemeinden sind riesig und fließen auf ungeklärten Wegen in die Taschen der Geistlichen.

Auch die Vorstellung, dass Gott dieser Welt eine Prüfung auferlegt und die Gläubigen einer Glaubensbewährung ausliefert, finde ich sehr schwierig. Es gibt klare naturwissenschaftliche Erkenntnisse über diese Krise. Wie sie ausgebrochen ist und warum sie sich so schnell und gefährlich verbreitet und was man dagegen tun muss.

Deshalb empfinde ich die Losung von heute als sehr hilfreich: Wir sollen Gott nicht unsere Interessen oder unsere Ängste unterstellen. Wir sollen mit unserem Gottesbild keine Manipulationen betreiben, indem wir ihn uns so vorstellen, wie es uns praktischerweise oder aus Machtinteressen nützt. Natürlich können wir nicht anders, als uns Gott vorzustellen. Wir müssen uns immer wieder neu ein Bild von ihm machen. Denn wir sind Geschöpfe, aber er ist der Schöpfer.

Was Demut heißt, kann man an diesem Dilemma lernen. Gott ist göttlicher, als wir ihn überhaupt erfassen können. Aber er will bei uns sein. So sehr, dass er in Jesus Christus menschlicher wird, als wir es je sein könnten. An unserem Bruder Jesus aus Nazareth können wir sehen, wie Gott uns Menschen versteht. Und Jesus hat gesagt: „Ich lebe und ihr sollt auch leben." Darauf können wir vertrauen.

Losung und Lehrtext am 26. März

Ich bekenne meine Schuld, bekümmert bin ich meiner Sünde wegen.

Psalm 38,19

Die Traurigkeit nach Gottes Willen wirkt zur Seligkeit eine Umkehr, die niemanden reut.

2. Korinther 7,10

Immer, wenn in biblischen Versen von Schuld und Sünde die Rede ist, werde ich sofort „bekümmert", wie die Losung von heute so schön sagt.

Ist die Corona-Krise ein Denkzettel, ein Fingerzeig Gottes, der uns wieder auf den rechten Weg bringen soll? Diesen Zusammenhang könnte man als frommes Menschenkind ja herstellen.

Ich bin bekümmert, weil ich nicht glaube, dass Gott so handelt. So ein Gott ist er nicht.

Für mich ist es oft hilfreich, das Wort „Schuld" oder den Begriff „Sünde" mit „Verantwortung" zu übersetzen. Dann hieße die Losung für heute: ‚Ich bekenne mich zu meiner Verantwortung, und ihretwegen bin ich besorgt.'

Unsere Situation zwingt uns im Moment immer wieder neu zu einer besonderen Verantwortung. Wir können nicht allen Impulsen nachgeben, die sonst unseren Alltag schön und lebenswert machen.

Wir können wenig planen, etwas, was sonst unseren Blick in die Zukunft schärft und uns beruhigt.

Wir müssen befürchten, dass die Krise sich noch verstärkt. Ja, dass wir selbst und unsere Mitmenschen sich anstecken und erkranken.

Vielleicht erleben wir jetzt mit uns selbst, intensiver als sonst, Stimmungen von Traurigkeit, der Orientierungslosigkeit, auch der Wut.

Das alles ist im Moment fast unvermeidbar und durchaus angemessen. Diese Stimmungen sind berechtigt, wenn man jetzt klar und verantwortungsbewusst auf sich selbst und die Welt schaut.

Aber uns Christen ist letztlich klar, wie man mit der eigenen Trauer, Angst und Sorge umgeht:

Gott will das alles hören. Er will uns nahe sein ohne Zensur. Er beginnt mit uns eine Umkehr von der Traurigkeit zu neuer Kraft und neuem Mut.

So ein Tag in Corona-Zeiten kann durchaus von Traurigkeit geprägt sein. Und dann kann doch noch, wie im Lehrtext beschrieben, sich auch eine Umkehr zur Seligkeit, zur Zuversicht einstellen.

Jesus sagt in der Bergpredigt, als er über die Feindesliebe spricht: *„Euer Vater im Himmel lässt seine Sonne aufgehen über Bösen und Guten und er lässt regnen über Gerechte und Ungerechte."*

So ist Gott.

Während ich dies schreibe, ereignet sich am Abendhimmel ein wunderschöner Sonnenuntergang, und der Abendstern leuchtet direkt auf meinen Schreibtisch. Und morgen ist wieder ein Tag aus Gottes Hand.

Losung und Lehrtext am 27. März

Es ist das Herz ein trotzig und verzagt Ding; wer kann es ergründen? Ich, der HERR, kann das Herz ergründen und die Nieren prüfen und gebe einem jeden nach seinem Tun.

Jeremia 17,9–10

Daran erkennen wir, dass wir aus der Wahrheit sind, und können vor ihm unser Herz überzeugen, dass, wenn uns unser Herz verdammt, Gott größer ist als unser Herz und erkennt alle Dinge.

1. Johannes 3,19–20

Der Journalist Matthias Horx ist „Zukunftsforscher" – und er schreibt im Moment ermutigende Texte über die Zeit nach der Corona-Krise. Er nennt das „Re-Gnose". Re-Gnose ist das Gegenteil von Prognose. Oft, wir kennen das, sind Prognosen eher pessimistisch ausgelegt. Man will sich schließlich später lieber positiv überraschen lassen.

Eine Re-Gnose im Sinne von Matthias Horx, funktioniert ganz anders. Sie nimmt vorweg, was sich Positives aus der gegenwärtigen Situation entwickeln könnte. Sie blickt zurück aus der Zukunft.

Beim Nachdenken über die heutige Losung aus dem Buch des Propheten Jeremia ist mir klar geworden, dass das, was Matthias Horx als Zukunftsforscher heute betreibt, sehr dem ähnelt, was der Prophet Jeremia damals in den existenzbedrohenden Krisen des jüdischen Volkes erlebt und weitergibt. Ein Prophetenspruch ist so etwas wie eine Re-Gnose. Unser Herz ist „ein trotzig und verzagtes Ding", so sagt die Losung knallhart. So sind wir und so ausgerüstet bereiten wir uns seufzend auf das Schlimmste vor.

Horx gibt in seiner Re-Gnose zu bedenken, was aus der jetzigen Situation Gutes entstehen kann. Er sagt: „Diese Stille im Moment der Krise regt uns an, uns mit uns selbst zu beschäftigen ... und mit unseren Nächsten." Daraus zieht er dann folgenden Schluss: „Die Welt wird neu werden, weil wir neu werden in unserer Weltwahrnehmung."

Aktivierung durch die Krise, das ist es, was auch Jeremia in seinem Prophetenspruch durch Gott an Ermutigung erfährt. „Ich", sagt Gott ihm zu, „kann euch in dieser Situation auf Herz und Nieren prüfen und dann gebe ich euch, was ihr braucht, was ihr bewältigen könnt, was jetzt angemessen ist."

Manchmal ist es harte Arbeit das eigene Herz zu überzeugen, dass Gott größer ist als unser Herz. Gott ist nicht Zukunftsforscher, sondern Zukunftsmacher. Und wo wir nur vage und undeutliche Prognosen wahrnehmen, entfaltet seine Wahrheit sich ganz behutsam immer neu in unserer Welt.

Die amerikanische Dichterin Emily Dickinson hat es in der ersten Zeile eines ihrer Gedichte so beschrieben: „Hoffnung ist das Ding mit Federn, das in der Seele nistet ...". Mit diesem Vers im Kopf tröste ich mein Herz und grüße die Finken, die heute in dem Holunder vor meinem Fenster umherturnen. Und den Rest aller Dinge überlassen wir Gott, der größer ist.

Die Website von Matthias Horx zum Thema: https://www.diezukunftnachcorona.com/

Losung und Lehrtext am 28. März

Der HERR hat Gefallen an denen, die ihn fürchten, die auf seine Güte hoffen.

Psalm 147,11

Jesus spricht: Wer Gottes Willen tut, der ist mein Bruder und meine Schwester und meine Mutter.

Markus 3,35

Nur zu zweit, mit dem Lebenspartner oder mit „Personen, die zum eigenen Hausstand gehören", darf man spazieren gehen. So sagen es die Bestimmungen des Landes Niedersachsen. Dabei ist Spazierengehen im Alleingang viel langweiliger als gemeinsam. Aber bei dem guten Wetter im Moment macht es auch allein Spaß und Sinn.

Der nicht ganz unproblematische Philosoph Martin Heidegger hat seine späten Aufsätze in einem Sammelband mit dem schön vielschichtigen Namen „Holzwege" zusammengestellt. Er scheint sie ganz in die eigene Philosophie versunken gegangen zu sein.

Ganz anders Jesus: In Israel gibt es einen sogenannten Jesus-Trail. Das ist ein Wanderweg, der Wanderer die Wege Jesu unter die Füße nehmen lässt. Zum Beispiel von Nazareth nach Kapernaum, das sind etwa 65 Kilometer. Und natürlich hinauf nach Jerusalem.

Irgendwie stelle ich mir vor, dass Jesus beim Gehen mit seinen Jüngern und Jüngerinnen viele der Gedanken und Geschichten entwickelt hat, die in den Evangelien dann zusammengestellt worden sind.

Das Jesus-Wort im heutigen Lehrtext ist auch so ein Ding mitten aus dem Alltag eines unbequemen älteren Bruders: Jesus, der in Nazareth „zum eigenen Hausstand" gehörte, jetzt aber ganz neue Wege geht und die Familie schwer verunsichert. Denn sie kommen zu ihm und wollen ihn holen, damit er sich nicht um Kopf und Kragen predigt.

Jesus hält davon ziemlich wenig und definiert bei dieser Gelegenheit die Familien-Zugehörigkeiten neu. Seitdem gehört dazu, wer von seiner Art, die Welt und Gott zu sehen, ergriffen wird.

Zum Glück haben sich seine Geschwister später wohl auch in diese neue Familie eingefügt.

Das Jesus-Wort ist viel farbiger als unsere Losung für heute aus Psalm 141. Interessanter wird die Losung, wenn man den Vers davor mit ins Auge fasst. Dort heißt es nämlich: *Den Herrn beeindruckt nicht die Stärke des Pferdes, er freut sich auch nicht über die Muskeln des Kämpfers.* Machtdemonstrationen sind ihm gegenüber sinnlos. Auch Jesus reagiert nicht auf die Versuche seiner Familie ihn zu disziplinieren. Er beharrt auf seiner Beziehung zu Gott. Und dazu ermutigt uns auch der Psalm:

Der HERR hat Gefallen an denen, die ihn fürchten, die auf seine Güte hoffen.

Losung und Lehrtext am 29. März

Wenn mein Geist in Ängsten ist, so kennst du doch meinen Pfad.

Psalm 142,4

Gelobt sei Gott, der Vater unseres Herrn Jesus Christus, der Vater der Barmherzigkeit und Gott allen Trostes, der uns tröstet in aller unserer Bedrängnis.

2. Korinther 1,3–4

Ein Pfad, ein Weg, entsteht beim Gehen. Und im Moment bahnen wir uns völlig neue Wege.

Gestern Vormittag bin ich beim Einkaufen Slalom gelaufen, immer um Menschen herum und sie um mich. Und so taste ich mich weiter durch den Tag.

Mit einer Freundin mache ich einen Spaziergang um die Stadt. Immer 1,50 m Abstand. Die Sonne scheint warm auf meinen Rücken. An einem Teich trifft sich eine Gruppe von Wildgänsen und zwei weiße Hausgänse sind auch dabei. Die großen Gänse mögen uns nicht. Sie finden meine rote Weste zu rot. Sie machen den Hals lang und fauchen mit ihren gelben Schnäbeln und kommen auf uns zu gerannt. Wir müssen schnell fliehen, denn Gänse können ganz schön zwicken. Zwei Männer auf der Bank amüsieren sich, sie schlagen vor, den Gänsen den Hals umzudrehen. Das finden wir übertrieben und raten davon ab.

Zuhause läuft der Beantworter und zeichnet die aufgelaufenen Telefonate auf. Ich telefoniere. Dann beantworte ich einige Emails und versuche einen Text für die nächste Woche zu schreiben.

Aber das Telefon klingelt. Ich kenne die Frau nicht, die mich anruft. Sie möchte gerne Kerzen anzünden und fragt, wann die Kirche wieder offen ist. Wir reden kurz darüber, wie schön es wäre, wenn man in die Kirchen gehen könnte. Ich schlage vor, eine Kerze zuhause anzuzünden. Aber sie findet, das sei nicht dasselbe. Das finde ich eigentlich auch. Ich vergesse ihr anzubieten, dass ich für sie in die Kirche gehen könnte, um eine Kerze anzuzünden. Wir wünschen uns aber für die kommende Zeit alles Gute, „und bleiben Sie gesund!"

So war der Weg durch den Tag. Ich denke an die Losung von heute: *Wenn mein Geist in Ängsten ist, so kennst du doch meinen Pfad.* Das mit den Ängsten ist so eine Sache. Im Moment weiß ich, dass in unserer kleinen Stadt das Risiko noch nicht so hoch ist wie z. B. in den Großstädten. Aber das wird sich ändern. Das macht mir Angst.

Heute ist Sonntag. Auch wenn ich nicht in einen Gottesdienst gehen kann, lässt mich der Lehrtext doch nicht ohne Trost.

Gelobt sei Gott, der Vater unseres Herrn Jesus Christus, der Vater der Barmherzigkeit und Gott allen Trostes, der uns tröstet in aller unserer Bedrängnis.

Das passt doch genau!

Losung und Lehrtext am 30. März

Wo ist jemand, wenn er fällt, der nicht gern wieder aufstünde? Wo ist jemand, wenn er irregeht, der nicht gern wieder zurechtkäme?

Jeremia 8,4

Jesus spricht: Wer zu mir kommt, den werde ich nicht hinausstoßen.

Johannes 6,37

In diesen verrückten Zeiten kommt mir eins zugute: ich liebe Seife. Und zwar die feste Form, mit Duschgel oder Handwaschgel gebe ich mich nicht ab. Am besten sind die wirklich guten Seifen, die mit echten Aromen, Ölen und Düften hergestellt werden. Leute, die mich kennen, schenken mir dann hin und wieder mal so ein edles Stück, möglichst ohne Palmöl, natürlich. So bin ich jetzt gut ausgerüstet und freue mich immer darauf, mir die Hände zu waschen, wenn ich in die Wohnung komme. Und dann riecht es nach Zedern und Orangen, und ich habe mich gegen eine mögliche Ansteckungsgefahr zur Wehr gesetzt.

Wie selbstverständlich nach Hause kommen, das ist es, worüber Jesus im heutigen Lehrtext spricht. Und dieses Zuhause ist etwas Heilvolleres als unsere Wohnungen oder Häuser, in denen wir neuerdings regelrecht Schutz suchen müssen. Jetzt am Ende der Passionszeit erleben wir mit, dass die Selbstverständlichkeit, mit der Jesus uns seinen Himmel öffnet und offenhält, hart erkämpft ist. Wer Jesus vertraut, der weiß, dass er seinen Weg für uns auf sich genommen hat. Eine einzige, große, vertrauensbildende Maßnahme. Er bleibt der Gebende, obwohl er Schreckliches aushalten muss. Er geht ins Dunkel, damit wir zum Licht der Welt beitragen können.

Die Losung für heute lässt uns aus der Perspektive Gottes auf die Lage gucken. Der Prophet Jeremia hört Gott eine rhetorische Frage stellen. Es ist doch klar, dass man wieder aufstehen will, wenn man hinfällt und dass man, wenn man sich verirrt, schnell auf den richtigen Weg zurückfinden will. Ja, natürlich. Es ist die Frage des liebenden Gottes – warum vertrauen nicht alle mir? Warum verirren Menschen sich manchmal so unverständlich und nehmen unglaublichen Schaden sehenden Auges in Kauf? Es ist die alte Frage nach Schuld und Ignoranz Gott gegenüber.

Jeremia ist übrigens der Prophet, in dessen Worten in diesem Zusammenhang Seife (Jer. 2,22) vorkommt. Seife nützt vielleicht gegen organischen Schmutz und aggressive Viren. Aber man kann sich nicht vor Gott selbst reinwaschen und rechtfertigen. Aber – mit Jesus gesprochen – man kann seine weit offenen Türen einrennen. Man kann sich berappeln, aufstehen und in die richtige Richtung aufbrechen.

Ich hoffe, wir erleben so etwas im Moment auch. Ich hoffe und vertraue darauf, dass diese Krisenzeit uns dazu bringt, vieles zu überdenken und bessere Lösungen umzusetzen.

Losung und Lehrtext am 31. März

Jene, die fern sind, werden kommen und am Tempel des HERRN bauen.

Sacharja 6,15

Durch Jesus Christus werdet auch ihr mit erbaut zu einer Wohnung Gottes im Geist.

Epheser 2,22

Die heutige Losung hat mich zum Lachen gebracht. Das hätte ich nicht gedacht, dass so etwas ein Bibelspruch schaffen kann, der vor mindestens 24 Monaten durch eine Kommission ausgelost wurde.

An sich betrachtet ist dieser Vers ja auch nicht lustig. Aber der Kirchenvorstand versucht gerade unter Corona-Bedingungen den Startschuss für die Baufirma zu geben, die den Bau unseres neuen Gemeindesaals in Angriff nimmt. Das ist nicht ganz einfach, denn wir können uns als Gremium ja nicht treffen. Und dann kommt dieser Vers aus dem Sacharja-Buch ...

Der Prophet Sacharja beschäftigt sich damals mit dem Wiederaufbau des Tempels in Jerusalem, um die zerstreuten jüdischen Exilanten wieder zu einer Gemeinde von Gläubigen zusammen zu führen. Der Tempel soll alle Teile der Bevölkerung einen, auch die, die nicht im Exil waren, sondern es im zerstörten Land aushalten mussten.

Auch unser neues Gemeindehaus soll ein Treffpunkt für alle Gruppen der Gemeinde werden. Denn wir wollen uns treffen, in den vielen Chören, den Bibelgruppen, im Frauenkreis, im Bastelkreis, im Töpferkreis, zu Filmabenden und zu Vorträgen, in Kindergruppen und mit dem Besuchsdienst GemEINsam, dem Kirchenvorstand und in der Diakonie- und Schuldnerberatung und mit vielen anderen Gruppen.

Jetzt, in dieser Erfahrung der Corona-Pandemie, wächst meine Sehnsucht nach diesem Ort der Integration aller Gemeindemitglieder noch einmal mehr.

Viele von uns sitzen jetzt in ihren Wohnungen und müssen die Isolation aushalten und möglichst sinnvoll gestalten. Andere müssen unter ganz schwierigen Bedingungen ihre Aufgaben erledigen, in den Supermärkten, in den Pflegeheimen und bei der Betreuung von älteren Menschen. In den Krankenhäusern, bei Polizei und Rettungsdiensten.

Wir alle brauchen Orte, die uns helfen, wieder wir selbst zu werden. Kirchen sind solche Orte der Ruhe und der inneren Erholung. Aber auch unsere Gemeindehäuser habe diese Funktion. Und letztlich, so sieht es der Epheserbrief, ist Jesus Christus der Architekt, der aus der Gemeinschaft vieler Menschen einen Ort für Gott selbst schafft. Durch den heiligen Geist bilden die Christinnen und Christen die Adresse Gottes in der jeweiligen Gegenwart. Im Moment sind wir es. Bei uns ist Gott zu finden.

Das klingt überheblicher als es ist. Wir wissen das alle. Und wer, wie unsere Kirchengemeinde im Moment, ein Haus plant und jetzt endlich bauen will, der weiß auch, wie schwierig das Ganze immer wieder ist. Aber unsere Sehnsucht nach diesem Haus ist groß und die Verheißung der heutigen Losung auch, das beflügelt mich.

Losung und Lehrtext am 1. April

Ich will mich freuen über mein Volk. Man soll in ihm nicht mehr hören die Stimme des Weinens noch die Stimme des Klagens.

Jesaja 65,19

Jesus sprach zu den Jüngern: Ihr habt nun Traurigkeit; aber ich will euch wiedersehen, und euer Herz soll sich freuen, und eure Freude soll niemand von euch nehmen.

Johannes 16,22

Heute habe ich bei schönstem Sonnenschein im Pfarrgarten von Stiftplatz 9 Blumen gepflückt. Bevor der kleine Bagger des Stadtarchäologen darüber rollte, habe ich die zarten Blütenbündel der Wiesenschlüsselblume gepflückt. Mir ging der erste Satz der Losung nicht aus dem Kopf. *Ich will mich freuen über mein Volk.* Ich wollte mich auch freuen. Und nun habe ich eine kleine Vase voller kleiner „Himmelsschlüsselchen", wie man auch sagen kann.

Wenn Gott sich über uns freuen will, dann schafft er auch die Voraussetzungen. So lese ich das 65.

Kapitel des Jesaja-Buches, in denen unser Vers zu finden ist. Gott verspricht dort, Anlässe und Gründe für Freude zu stiften. Er verspricht Heilung und Segen. Und er will sich an seinen Menschen freuen, an ihrer Freude, an ihrem Wohl und Heil. Wer in diesen Kapiteln liest, was der Prophet im Namen Gottes beschreibt, dem geht das Herz auf. Es sind die großen biblischen Hoffnungsbilder, voller Trost und Liebe.

Und ich ertappe mich dabei, wie ich mir die ersten Gottesdienste in unseren Kirchen ausmale, wenn wir uns wieder treffen dürfen. Wenn die Türen offen sind und das gemeinsame Abendgebet den Feierabend einläutet. Wenn man wieder Kerzen am Friedensleuchter und am Kerzenbaum der Marktkirche anzündet. Wenn die Chöre wieder proben und der Bastelkreis im Hochsommer die Weihnachtskollektion erarbeitet. Wenn die Künstlerinnen von Leib & Seele leckeres Fingerfood unter das Kirchenvolk bringen. Wenn wieder Blumen auf den Altären blühen. Wenn der Kirchenvorstand am Ende einer langen Sitzung das Vaterunser spricht.

Jesus sagt seinen Jüngern in der Zeit vor seinem Tod: *Ihr seid jetzt traurig* ... Es gibt eben Gründe für Trauer. Es gibt auch für uns aktuell Gründe sorgenvoll und traurig zu sein. Und dann spricht Jesus von der erhofften Freude: *ich werde euch wiedersehen und euer Herz wird voll Freude sein.* Das ist die Perspektive, die nur er eröffnen kann. Die Oster-Perspektive, die Voraussetzung für echte Freude auf beiden Seiten, Gott und Mensch: der offene Himmel.

Als ich mich heute Morgen freuen wollte, habe ich gedacht: sehr passend, dass es hier so viele Himmelsschlüsselchen gibt.

Losung und Lehrtext am 2. April

Gott, du hast mich von Jugend auf gelehrt, und noch jetzt verkündige ich deine Wunder.

Psalm 71,17

Simeon nahm das Kind Jesus auf seine Arme und lobte Gott und sprach: Herr, nun lässt du deinen Diener in Frieden fahren, wie du gesagt hast; denn meine Augen haben deinen Heiland gesehen.

Lukas 2,28–30

„Generationengerechtigkeit" ist ein Stichwort, das in letzter Zeit häufiger fällt. Eigentlich war es schon immer so, dass Eltern sich gewünscht haben: Den Kindern soll es einmal besser gehen. Aber jetzt ist es so, dass die Kinder hoffen (und ihre Eltern mit ihnen), dass diese Erde sich von der Überforderung durch die vergangenen vier Generationen überhaupt erholen kann. Und dazu muss sich alles weiterentwickeln. Der Lebensstil aller Menschen, die im Moment da sind, muss sich neu auf dieses Ziel ausrichten.

Gerechtigkeit bezieht sich auf die gesamte Schöpfung, mit allem, was lebt, wächst, atmet und existiert. Das galt schon immer, wurde aber in der vergehenden Epoche der letzten 200 Jahre nicht beherzigt. Sie wurde vielmehr als ausbeutbare Ressource verstanden.

Nun sind neue Zeiten angebrochen, und die machen neue Handlungsweisen zwingend nötig. Und so zeigt uns das auch die Pandemie, der wir gerade ausgeliefert sind. Alles ändert sich. Weil auch alles miteinander zusammenhängt.

Die Losung für heute soll uns dazu ermutigen, das ernst zu nehmen, was wir wissen. Wir wissen, dass Gottes Schöpfung die heilsame und wunderbare Sphäre ist, die Gott für uns, ja vielmehr für alles, was lebt, geschaffen hat. Tatsächlich muss man wohl sehen lernen, dass unsere Verhältnisse immer noch paradiesisch sind, obwohl wir zerstörerisch mit ihnen umgehen. Glauben an Gott setzt dieses Lernen voraus.

Als der Säugling Jesus von seinen Eltern in den Tempel gebracht wurde, sah Simeon in dem Kind die Hoffnung auf den Messias erfüllt. Und wir glauben und hoffen mit ihm.

Generationengerechtigkeit ist eine Hoffnungsanleihe auf die Zukunft. Die Zukunft ist ja immer schon mit viel Hoffnung angereichert und zu viel Angst und Sorge belastet gewesen. Und das gilt gerade auch für unsere unmittelbare Zukunft im Bann der Corona-Situation.

Wenn wir mit der Losung von heute einen Schritt zurücktreten, können wir uns sagen lassen: Was wir geglaubt haben, das wird auch die Zukunft mitgestalten. Was Gott beiträgt, hat eine andere Qualität als das, was wir beitragen können. Und das Bindeglied zwischen beidem bleibt die Hoffnung.

Losung und Lehrtext am 3. April

Wohl dem Volk, das jauchzen kann! HERR, sie werden im Licht deines Antlitzes wandeln.

Psalm 89,16

Wandelt als Kinder des Lichts; die Frucht des Lichts ist lauter Güte und Gerechtigkeit und Wahrheit.

Epheser 5,8–9

Ja, die Sommerzeit ... plötzlich ist es abends ganz hell. In diesem Jahr war sie gar kein Thema wie sonst. Die Europäer wollen sie abschaffen, so hat eine europaweite Umfrage ergeben. Mir gefällt der Lichtgewinn, den ich immer im Frühjahr erlebe.

Die Losung von heute setzt einen deutlichen Kontrapunkt zu unserer momentanen Lage. Wir sind jetzt kein Volk, das jauchzen kann. Wir sind ein Volk in Schonhaltung, wir sehen in die Zukunft und können doch wenig in ihr erkennen. All das zielstrebige, organisierte, leistungsorientierte Handeln, das wir sonst von uns verlangen, wird schwer irritiert.

Andererseits sehe ich uns tatsächlich zu einem globalen Menschenvolk werden. Alle sind betroffen, keine Nation kann sich abschotten, das Virus ist grenzenlos durchsetzungsfähig. Vielleicht wächst die Solidarität untereinander? Ich bin oft in Gedanken bei den Italienern, den Spaniern, den Menschen, die in den griechischen oder syrischen Flüchtlingslagern auf die Katastrophe sehenden Auges zugehen müssen. Wie brutal verdunkelt sich der Horizont der Hoffnung immer mehr.

Wie können wir, denen es im Vergleich wirklich viel besser geht, als Kinder des Lichts handeln? Wie können Güte, Gerechtigkeit und Wahrheit sich bei uns entfalten? Politisch wird um Solidarität innerhalb der Europäischen Union gerungen. Was können wir auf privater Ebene besteuern?

Ich persönlich versuche viele kleine Signale zu senden: Telefonanrufe, Postkarten, Spenden, Gebete, Emails, gute Gedanken und die nicht zu unterschätzende Alltagsdisziplin.

Luther hat den Vers aus dem Epheserbrief sehr genau ins Deutsche übersetzt: Dort steht tatsächlich im Griechischen ein Verb, das „umhergehen" heißt. Und zwar draußen – da, wo das helle Sonnenlicht ist. Die Christen sollen sich sehen lassen mit ihren Möglichkeiten.

Auch wenn im Moment zum Jauchzen keinerlei Anlass ist, das Licht der Liebe Gottes scheint in unsere Tage so wie immer und gibt uns Früchte zu ernten. Auch wenn man eigentlich nur zum Einkaufen und zum Spazierengehen das Haus verlassen soll. Sommerzeit einmal ganz anders und neu.

Beim Schreiben ging mir ein Choral im Kopf herum:

> Sonne der Gerechtigkeit, gehe auf zu unsrer Zeit; brich in Deiner Kirche an, dass die Welt es sehen kann. Erbarm Dich, Herr.

Und auch noch:

> Gib den Boten Kraft und Mut, Glauben, Hoffnung, Liebesglut, lass Du reiche Frucht aufgeh'n, wo sie unter Tränen säen. Erbarm Dich, Herr."

Losung und Lehrtext am 4. April

Warum sollen die Heiden sagen: Wo ist denn ihr Gott? Unser Gott ist im Himmel; er kann schaffen, was er will.

Psalm 115,2–3

Gottes unsichtbares Wesen – das ist seine ewige Kraft und Gottheit – wird seit der Schöpfung der Welt, wenn man es wahrnimmt, ersehen an seinen Werken.

Römer 1,20

Ach ja, die Gottesfrage – wer sie stellt, hat schon verloren ... Sie ist eine logische Falle. Könnte man Gott beweisen, ihn einem Beweisverfahren unterwerfen, wäre er kein Gott, bzw. was für ein Gott wäre er dann? Und die gegenteilige Fragerichtung funktioniert genauso: Wenn man fragt: Wie kann Gott das zulassen? hat man schon Kriterien für einen Gott und seine Taten aufgestellt. Auch das widerspricht der Souveränität, der Freiheit Gottes. Auch wer seinen eigenen Glauben ständig auf die Probe stellt, hat dieses Problem. Denn zu entscheiden, ob der Glaube Gott genügt oder nicht, liegt nicht in der Hand der Glaubenden, sondern muss Gott überlassen bleiben.

Die Losung von heute feiert Gottes Freiheit und seine Kreativität, seine Macht sich als Gott zu erweisen. Kommt das bei uns im Alltag an? Im Moment wächst die Unsicherheit. Wir gucken nach vorne, und dort herrscht keine klare Sicht. Genau das ist eine Lage, in der Menschen sich mit der Gottesfrage beschäftigen. Warum ist alles so gekommen? Warum sind wir nicht handlungsfähig, was haben wir falsch gemacht, dass es so kommen konnte? Warum greift Gott nicht rettend ein? Gibt es ihn?

Ich verstehe die biblischen Texte so, dass genau diese Bewegungen im Denken und im Sprechen, im Hoffen und auch im Bezweifeln und Verzweifeln das sind, was den Glauben kennzeichnet. Wer glaubt, ist in dieser Weise in ein Gespräch vertieft. Wer glaubt, steht in einer so geprägten Beziehung zu „Gottes unsichtbarem Wesen", wie Paulus es beschreibt; und diese Beziehung schlägt sich in Gefühlen, Gedanken und Handlungen nieder. Und wer glaubt, erlebt Momente, in denen er die Welt als von Gott beseelt erlebt oder es gibt Phasen, in denen sich alles in Unsicherheit auflöst.

Lassen wir also unser Gespräch mit Gott nicht abreißen. Er ist da. Oder wie der Psalm sagt: Er ist im Himmel. Er wird sein Gespräch mit uns niemals abreißen lassen. Gerade jetzt nicht.

Andacht am Palmsonntag, 5. April

Liebe Gemeinde,

heute ist Palmsonntag, der Tag, mit dem die Karwoche beginnt. Jesus reitet auf einem Esel in Jerusalem ein. Ein strahlender Tag, er wird lauthals begrüßt von vielen Menschen, Frauen, Männer, Kinder, die von ihm Gutes gehört haben. Sie stehen dicht gedrängt, sie bilden eine Gasse und legen ihm Palmzweige und ihre Mäntel auf den Weg und jubeln: Hosianna!

Es ist ein Ruf aus den Psalmen, er bedeutet eigentlich „Hilf doch" = Hosha-na. Aber er ist durch den Gebrauch in den Tempelgottesdiensten zum Jubelruf geworden. In diesem Ruf steckt auch der Name Jesu, Jehoshua, der bedeutet: Der Herr ist Hilfe.

Uns geht es heute ganz anders. Wir bleiben zuhause, unter uns, oft auch allein. Überall auf der Welt verschließen so Menschen der Ausbreitung des Corona-Virus den Weg. Und wer jetzt an der Krankheit leidet, ist sehr mit sich allein, besonders im Krankenhaus, trotz der Pflege, allein im Lärm der Beatmungsmaschinen und unfähig zu sprechen mit einem Schlauch im Hals.

Ein Hosianna, ein Ruf nach Hilfe für diese Situationen, müssen wir alle gemeinsam im Gebet äußern.

Und so grüßen wir einander mit der Bitte um Gemeinsamkeit und Verbundenheit aller und feiern diese Andacht im Namen des Vaters und des Sohnes und des Heiligen Geistes. Friede sei mit euch. Amen

Wochenlied, EG 91, 1, 2 & 5

1 Herr, stärke mich, dein Leiden zu bedenken,
mich in das Meer der Liebe zu versenken,
die dich bewog, von aller Schuld des Bösen
uns zu erlösen.
2 Vereint mit Gott, ein Mensch gleich uns auf Erden
und bis zum Tod am Kreuz gehorsam werden,
an unsrer Statt gemartert und zerschlagen,
die Sünde tragen:
5 Seh' ich dein Kreuz den Klugen dieser Erden
ein Ärgernis und eine Torheit werden:
so sei's doch mir, trotz allen frechen Spottes,
die Weisheit Gottes.

Wir hören den Lobpreis auf Christus aus dem Brief des Paulus an die Gemeinde in Philippi (Phil 2, 5–11):

Seid so unter euch gesinnt, wie es der Gemeinschaft in Christus Jesus entspricht: Er, der in göttlicher Gestalt war, hielt es nicht für einen Raub, Gott gleich zu sein, sondern entäußerte sich selbst und nahm Knechtsgestalt an, ward den Menschen gleich und der Erscheinung nach als Mensch erkannt. Er erniedrigte sich selbst und ward gehorsam bis zum Tode, ja zum Tode am Kreuz.

Darum hat ihn auch Gott erhöht und hat ihm den Namen gegeben, der über alle Namen ist, dass in dem Namen Jesu sich beugen sollen aller derer Knie, die im Himmel und auf Erden und unter der Erde sind, und alle Zungen bekennen sollen, dass Jesus Christus der Herr ist, zur Ehre Gottes, des Vaters.

Amen

Liebe Gemeindemitglieder, liebe Zuhörerinnen und Zuhörer, das Lied „Freunde, dass der Mandelzweig wieder grünt und blüht" steht in unserem Gesangbuch, aber Ulrike Hastedt hat die erste Strophe eben mit einer neuen Melodie gesungen.

Leicht und tänzerisch klingt der Text dadurch, die zarten Blüten des Mandelbaums werden irgendwie hörbar. Die Mandeln sind die ersten Bäume, die in Israel im Januar blühen. Sie zeigen den Beginn des Frühlings an.

Das Lied wurde mitten im 2. Weltkrieg in Israel von Shalom Ben Chorin gedichtet, einem aus München stammenden jüdischen Deutschen, der 1913 in München als Fritz Rosenthal geboren wurde. Sein hebräischer Name, den er nach seiner Flucht 1935 in Jerusalem annahm, bedeutet „Friede, Sohn der Freiheit".

Shalom Ben Chorin hat sich als jüdischer Theologe ausführlich mit Jesus beschäftigt, sein Buch darüber trägt den Titel „Bruder Jesus". Und er hat Anfang der 60er Jahre gemeinsam mit christlichen Theologen die "Arbeitsgemeinschaft Juden und Christen" gegründet.

Das Lied singt vom Leben, von der Kraft der Liebe, aber auch von Verlust und Krieg und Tod.

Alles liegt dicht nebeneinander.

So wie für Jesus in Jerusalem: im Abstand von wenigen Tagen hört er den Jubelruf „Hosianna!" und das aggressive „Kreuzige!". Und doch bleibt er der Friedensfürst, der Mensch, in dem Gottes Liebe sichtbar wird. Mit ihm verbinden sich Hoffnungen auf den Messias, den das jüdische Volk erwartet.

Und so geht er seinen Weg in den Tagen vor dem Passahfest in Jerusalem.

Am Ende dieser Woche wird er sichtbar werden als Jesus Christus, der Herr.

Unser Weg durch die Karwoche 2020 ist ein Weg, den wir in diesem Jahr nicht gemeinsam gehen. Wir bleiben zwar verbunden im gemeinsamen Glauben und im Gebet. Aber vieles fehlt uns, was zu diesen Tagen immer dazu gehört hat.

Trotzdem sehen wir auch in unseren Gärten, dass die Natur sich in ihr Frühlingskleid wirft. In dem kleinen Garten des Hauses, in dem ich wohne, steht ein Mandelbäumchen. Es wird von mir geliebt, weil es für mich durch das Lied, das Gedicht von Shalom Ben Chorin, zu einem Symbol der Hoffnung geworden ist. Im Moment hoffe ich auf Zeiten, in denen wir wieder gemeinsam durch die Karwoche gehen können. Das wünsche ich uns allen. Amen

Lied EG 620, 1, 2 & 4,

Melodie nach freiTöne Nr. 177

1 Freunde, dass der Mandelzweig
Wieder blüht und treibt,
Ist das nicht ein Fingerzeig,
Dass die Liebe bleibt? :||
2 Dass das Leben weiter ging,
Soviel Blut auch schreit,
Achtet dieses nicht gering,
In der trübsten Zeit. :||
4 Freunde, dass der Mandelzweig
Sich in Blüten wiegt,
Bleibe uns ein Fingerzeig,
Wie das Leben siegt. :||

Lasst uns beten:

Wir halten dir unsere Herzen hin, Jesus Christus,
wir strecken dir unsere Hände entgegen.
Wir wollten dir entgegengehen, wir wollten mit
dir laufen und hineinziehen in deine Stadt.
Aber wir können nur mit unseren Herzen zu dir
kommen. Nur unsere Sehnsucht ist auf dem
Weg zu dir. Nur unsere Gebete. Sie sind alles,
was wir haben. So beten wir für die Kranken, für
die, denen keine Medizin mehr helfen kann, für
die, die einsam sterben, für die, die unter der
Last dieser Tage zusammenbrechen.
Komm zu ihnen mit deiner Liebe und heile sie.
Höre uns.

So beten wir für die Menschen, die in Kranken-
häuser und Pflegeheimen arbeiten,
in Feuerwachen und Apotheken, in Kitas und
Supermärkten, in Laboren und in Ställen,
in Ämtern und Gemeinden.
Komm zu ihnen mit deiner Freundlichkeit und
behüte sie.
Höre uns.

So beten wir für die Menschen, die in der Sorge
dieser Tage in Vergessenheit geraten,
die Flüchtlinge, die Opfer von häuslicher Gewalt,
die Verwirrten und Missbrauchten, die Hun-
gernden, die Einsamen. Komm zu ihnen und
rette sie.
Höre uns.

Wir halten dir unsere Herzen hin und danken
dir für den Glauben. Wir danken dir, weil wir zu
dir und zueinander gehören. Wir danken dir für
die Zeichen der Liebe und Verbundenheit,

für die freundlichen Worte, für die Musik.
Wir danken dir für dein Wort und deine welt-
weite Kirche. Wir wollten dir entgegengehen
und hineinziehen in deine Stadt. Und wir erleben es: Du gehst mit uns durch diese Zeit.
Heute, in diesen Tagen der Passion, und jeden
neuen Tag.

Vater unser ...

Liebe Gemeinde, als Segen möchte ich Ihnen heute
den ältesten Segen des Neuen Testaments zuspre-
chen. Er steht im Brief des Paulus an die Gemeinde
in Thessaloniki, ganz am Ende:

Er aber, der Gott des Friedens, heilige euch
durch und durch und bewahre euren Geist samt
Seele und Leib unversehrt, untadelig für die An-
kunft unseres Herrn Jesu Christus. Treu ist er,
der euch ruft; er wird's auch tun.

Geht hin in Frieden, Amen

Losung und Lehrtext am 6. April

Wenn ich auch noch so viele meiner Gebote aufschreibe, so werden sie doch geachtet wie eine fremde Lehre.

Hosea 8,12

Jesus spricht: Ich bin dazu geboren und in die Welt gekommen, dass ich die Wahrheit bezeuge. Wer aus der Wahrheit ist, der hört meine Stimme.

Johannes 18,37

Rudi Dutschke, der intellektuelle Kopf der Studentenbewegung ab 1968, hat seinen ältesten Sohn „Hosea" genannt. Er schätzte die Kraft der Worte dieses Propheten, der sich in der zweiten Hälfte des 8. Jahrhunderts vor Christus besonders krass gegen eine fehlgeleitete Machtpolitik der Regierung der Könige in Israel und Juda ausgesprochen hat. Die Losung gibt uns einen resignierten Ausspruch des Propheten mit auf den Weg. Hosea muss, bezogen auf Gottes liebevolle und klare Gebote, immer wieder ein politisch-moralisches Scheitern konstatieren.

Politische Arbeit heute hat tatsächlich Ähnlichkeit mit dem, was damals die Aufgabe der Prophetie war. Im Moment sind die Deutschen laut Umfragen erstaunlich zufrieden mit der Arbeit ihrer Politiker*innen. Angela Merkel hat traumhafte Umfragewerte. Und eine richtig hohe Prozentzahl der Bevölkerung versucht sich an die Anti-Corona-Maßnahmen zu halten, obwohl sie mit einer rigiden Einschränkung unserer bürgerlichen Freiheitsrechte verbunden sind.

Von den jetzt lebenden Generationen haben nur die Ältesten noch Zeiten erlebt, in denen Krieg und Nachkriegszeit kollektive Bedrohungen, Anstrengungen und Ängste mit sich brachten. Die Jüngeren profitierten dann von mehr Frieden, Wohlstand und Fortschritt. Aber es brauchte zu allen Zeiten Propheten, um einem grundsätzlichen Wahrheitsanspruch gerecht zu werden. Rudi Dutschke war ein großartiger Redner, ein kluger und politisch durchsetzungsfähiger Mann, der die Student*innen seiner Generation beflügelt hat und wichtige politische Anstöße gegeben hat. Damals war er umstritten, heute ist im Rückblick klar, wie wichtig diese 68er-Generation für Westdeutschland war.

Sich an der jeweils nötigen Wahrheit zu orientieren, dazu ermutigt uns auch Jesus im Johannesevangelium. Es ist eine unteilbare, nicht nur auf Religiöses beschränkte Wahrheit, um die es ihm geht. Er will Menschen zusammenführen unter dem, was Gott mit seiner Welt will. Wir sollten diesen Wahrheitsanspruch ernst nehmen und ihn nicht exklusiv als christlich in Anspruch nehmen. Was allen dient, was Wahrheit voranbringt, das ist gut und sollte alle Menschen überzeugen.

Es spricht für eine plurale Gesellschaft, wenn sie sich in Krisen politisch auf ein grundsätzliches Vorgehen einigen kann. Debatten und Auseinandersetzungen vorausgesetzt und eingerechnet. Dafür bin ich im Moment dankbar.

Losung und Lehrtext am 7. April

*Der HERR, der König Israels, ist bei dir, dass du dich vor
keinem Unheil mehr fürchten musst.*

Zefanja 3,15

*Jesus sprach zu den Jüngern: Was seid ihr so furchtsam?
Habt ihr noch keinen Glauben?*

Markus 4,40

Wieder ein neuer Prophet im Angebot der Losungen: Zefanja. Er gehört ins letzte Drittel des 7. vorchristlichen Jahrhunderts und hat im Namen Gottes vor Unheil warnen müssen. Die Zeiten waren chaotisch, Machtpolitik an allen Grenzen und im Land. Sein Name bedeutet: „Gott hält dich schützend verborgen." Erst am Ende seiner Prophetie, im dritten Kapitel, wird er seinem Namen gerecht und spricht von Gott, der das krisengeschüttelte Königtum selbst innehat und die ständige Furcht endlich beendet.

Was ist nochmal der Unterschied zwischen Angst und Furcht? Angst kann ein diffuses Gefühl sein, noch nicht konkret fassbar, Furcht dagegen hat einen konkreten Auslöser. Je mehr wir wissen, desto präziser können wir unsere Furcht bekämpfen:

Man müsste eventuell befürchten, dass man sich angesteckt hat, weil man in Kontakt mit einer erkrankten Person gewesen ist. Aber man hat Angst sich anzustecken, ohne zu wissen, ob es dazu überhaupt einen Anlass gibt.

Jesus wundert sich im Lehrtext über seine Jünger, die sich nicht fürchten müssten, denn sie sitzen mit ihm gemeinsam in einem Boot. Zwar tobt ein

Sturm und das Boot beginnt zu sinken, aber Jesus hat die Situation unter Kontrolle. Seine Jünger kennen ihn eigentlich gut genug. Aber dieser Satz Jesus sprengt ein bisschen den Rahmen der Geschichte, und er ist eigentlich für uns Spätere gedacht. Wir, die wir jetzt durch die Karwoche gehen, wissen, dass nach Karfreitag Ostern kommt. Wir glauben und vertrauen, dass nach und in Furcht und Angst doch Gottes heilender Segen weiterwirkt. Doch, Jesus, wir haben diesen Glauben. Aber zwischendurch erwischt uns die Furcht immer wieder und Angst macht sich breit.

Deshalb ist es heilsam, sich die Worte des Propheten Zefanja heute sagen zu lassen. Auch wenn die Situation nicht unkritisch ist und wir noch nicht wissen, wann langsam wieder Normalität eintreten kann, so können wir doch unsere Furcht mit dieser Losung heute bekämpfen. Und zusätzlich vielleicht noch ganz konkret mit Informationen durch Prof. Christian Drosten beim NDR oder andere Fachleute.

Losung und Lehrtext am 8. April

Erfreue mich wieder mit deiner Hilfe, und mit einem willigen Geist rüste mich aus.

Psalm 51,14

Eure Traurigkeit soll zur Freude werden.

Johannes 16,20

Auf dem Weg durch die Karwoche bemerke ich eine gewisse Schwere an mir. „Du siehst ein bisschen zerzaust aus ...", sagte eine Bekannte zu mir, wir hatten uns länger nicht gesehen. Und so fühle ich mich auch und sehe es dann wiederum auch an anderen. Dabei sind wir Einbecker, die wir miteinander durch die Täler der Corona-Einschränkungen wandern, doch noch sehr gut dran. Es gibt nur wenige Fälle im Landkreis, und im Moment können alle Betroffenen angemessen medizinisch versorgt werden. Aber der Alltag hat sich stark verändert, viele selbstverständliche Routinen fehlen uns oder sind nicht mehr möglich. Und ich vermisse ein echtes Stück sonst vorhandener Lebensfreude.

Die Losung aus dem 51. Psalm, einem Bußpsalm, klingt mir da nicht sehr tröstlich, da brauche ich schon zur Unterstützung die Zuwendung des Lehrtextes. Zum Glück ist es ja möglich, den Vers auch in einer anderen Übersetzung nachzuschlagen. Und siehe da – in der neuen Einheitsübersetzung von 2016 klingt die Losung sehr viel ermutigender. Hebräisch ist eben eine Sprache, die ganz anders tickt als unsere zentraleuropäischen Sprachen. Und so kann die Losung auch klingen:

Gib mir wieder die Freude deines Heils, rüste mich aus mit dem Geist der Großmut!

Das ist es, das möchte ich von Gott erbitten im Moment: Großmut und Freude an seinem Heil. Großmut ist die ideale Haltung für die kleinen Nervigkeiten und großen Verunsicherungen unserer Situation. Großmut beginnt mit tiefem Ein- und Ausatmen und einer Entspannung zwischen den Schulterblättern und den Mundwinkeln, die sich zu einem Lächeln hinreißen lassen. Und auch für die Freude finden sich viele Anlässe: Zum Beispiel Nougat-Ostereier im Briefkasten, ein Trompeten-Solo, dem Mond gewidmet, ein selbst genähter Mundschutz, eine Postkarte mit Blumen und vielen Details, ein Gruß aus Rotterdam mit einem tröstlichen Lied.

Das wünsche ich allen, die jetzt zuhören oder es lesen: Freude an Gottes Heil und den Geist der Großmut und damit verbunden vielleicht auch ein paar Nougateier. Und das tröstliche Lied aus Rotterdam stelle ich auf die Website.

Losung und Lehrtext an Gründonnerstag, 9. April

Lasst uns gehen, den HERRN anzuflehen und zu suchen den HERRN Zebaoth; wir wollen mit euch gehen.

Sacharja 8,21

Als sie den Lobgesang gesungen hatten, gingen sie hinaus an den Ölberg.

Markus 14,26

Bis vor einiger Zeit war ein Virus am ehesten etwas, das den eigenen Computer bedrohte. Heute denken wir in völlig anderen Kategorien. Die Menschen selbst sind zu einem globalen Anti-Viren-Programm geworden. Wir müssen ganz elementare Bedürfnisse zurückstellen und kollektive Vernunft üben. Das ist anspruchsvoll – wie anspruchsvoll das ist, merken wir je länger je mehr Zeit es kostet, dem Virus die Angriffsflächen zu entziehen.

Die Losung von heute ist leider unvollständig zitiert und ich finde, man kann sie nur verstehen, wenn man den Vers davor auch kennt. Also:

So spricht der HERR Zebaoth: Es werden noch Völker kommen und Bürger vieler Städte, und die Bürger der einen Stadt werden zur andern gehen und sagen: Lasst uns gehen, den HERRN anzuflehen und zu suchen den HERRN Zebaoth; wir wollen mit euch gehen.

Das ist heilvolle und zukunftsgewandte Prophetie. Es geht darum, dass sich in der Zukunft Völker gemeinsam auf den Weg machen um Gott zu finden. Das ist ein genaues Gegenbild zu den Konflikten zwischen Machthabern und ihren Ansprüchen und den Ansprüchen verschiedener Religionen und

Kulte damals – und auch heute. Ein bisschen von diesem gemeinsamen Aufbruch ist im Moment ja auch spürbar. Es gibt die Sehnsucht nach gemeinsamem Handeln, nach einer kollektiven Selbstverpflichtung, die Gutes bewirkt. Und vieles davon setzt sich ja in unserem Alltag durch. Aber die Schwierigkeiten beim Projekt „Gemeinsam allein" oder „Gemeinsam einsam" werden gerade in der Osterfestzeit besonders deutlich.

Heute ist Gründonnerstag. Jesus wird nach dem letzten Abendmahl oben auf dem Ölberg merken, dass er jetzt immer mehr von seinen Freunden verlassen wird. Der feierliche gemeinsame Abend mit dem Pessach-Mahl im Kreis der Jünger endet im einsamen und angstvollen Gebet.

Was werden uns die kommenden Tage bringen? Es soll viel geläutet werden. Die Glocken sind genau das: ein Ruf zum gemeinsamen Gebet. Jetzt auch ein akustisches Zeichen dafür, dass wir gerne zusammen wären, ein Ruf aus einer Zukunft, in der wir uns wieder treffen und miteinander singen und beten können.

Lichtblick für Karfreitag, 10. April

Liebe Gedanken(splitter)-Leser*innen und Hörer*innen,

bis einschließlich Ostermontag gibt es keine Gedankensplitter, die sich mit Losung und Lehrtext beschäftigen. Ich finde, dass es an den kommenden Tagen viele andere biblische Texte gibt, die wir auf unserer Website zum Klingen bringen.

Außerdem ist die „Produktion" der Gedankensplitter relativ aufwendig, denn Vikar Andreas Bartholl perfektioniert jedes Mal die Hörversion, die ich an meinem Schreibtisch eingesprochen habe. Inzwischen habe ich immerhin ein gutes Mikrofon und auch ein Programm, um es zu verarbeiten. Andreas legt dann unter das gesprochene Wort noch Musik, meistens von Ulrike Hastedt eingespielt, und er fügt den Beginn und das Bild hinzu und setzt es auf unseren youtube-Kanal. Das kostet auch Zeit und Mühe. Wir machen in dieser Hinsicht also eine Pause. Ab Dienstag geht es in gewohnter Form weiter.

Trotzdem möchte ich heute eine kleine Mini-Reihe beginnen, die man nur auf der Website lesen kann. Diese Reihe heißt „Lichtblick" und hat als Logo das schöne Foto von einem Linolschnitt, der das Gotteslamm mit der Siegesfahne zeigt, ein altes Symbol für Ostern.

Einen wirklichen Lichtblick beschert uns das brillante Frühlingswetter im Moment. „Licht ist dein Kleid, das du anhast ...", so spricht der große Schöpfungspsalm (104,2) von Gott. Und als Jesus am Kreuz sein Leben verliert, wird es dunkel (Lukas 23,44f.).

Heute ist Karfreitag, und das ist der Tag der tiefen Schatten. Der Tag, den der Tod sich vorbehalten hat. Ein ganz und gar nicht alltäglicher Tag, der in Grabesruhe endet.

Jedes Jahr wieder muss er begangen werden, denn das ist die einzige Form, in der unser Glauben solidarisch mit Jesu Tod sein kann. Und auf Jesu Seite ist da diese alles umfassende Solidarität mit unserem Sterben und unserem Leiden am Tod. Nur seinetwegen finden wir wieder ins Licht.

Deshalb denken wir am heutigen, außergewöhnlichen Karfreitag besonders an die Menschen, die von der Krankheit Covid19 schwer betroffen sind. Es ist wichtig, dass sie gut versorgt werden können. Es ist wichtig, dass die Sterbenden von Menschen begleitet werden können. Es ist wichtig, dass wir uns gegenseitig vor Ansteckung schützen, damit nicht mehr Menschen sterben müssen.

Dafür können wir heute mit besonderer Aufmerksamkeit beten.

Und draußen geht auch an Karfreitag das natürliche Licht seinen Weg über den Himmel. Für alle, die damit etwas anfangen können, habe ich ein Gedicht beigelegt, das mit Worten Licht macht und zwar, wenn es dunkel ist. Vielleicht mache ich heut' Abend auch mein Fenster auf ...

der Augenblick des Fensters

jemand schüttet licht
aus dem fenster.
die rosen der luft
blühen auf.
und in der straße
heben die kinder beim spiel
die augen.
tauben naschen von seiner süße.
die mädchen werden schön
und die männer sanft
von diesem licht.
aber ehe es ihnen die anderen sagen
ist das fenster von jemandem
wieder geschlossen worden.

(Karl Krolow, Gesammelte Gedichte, Frankfurt a.M.
   1975, 62)

Lichtblick für Karsamstag, 11. April

Der Karsamstag ist, unfromm betrachtet, ein Tag der Vorbereitung des Osterfestes. Für mich gehört immer ein Hefezopf dazu. Ihn zu backen macht Spaß, und ein Osterfrühstück ohne Hefezopf ist undenkbar. Aber eigentlich ist es ein Tag der absoluten Pause.

Genauer betrachtet ist es die Zeit der Grabesruhe Jesu. Wir beten im Glaubensbekenntnis ja sonntags: „hinabgestiegen in das Reich des Todes" über den Weg Jesu zum Vater. Was kann das bedeuten?

„Nie sind wir allein, stets sind wir die Deinen", darauf können wir vertrauen, auch in Bezug auf den Tod selbst. Es sind extreme und ängstigende Überlegungen, um die es hier geht und an die sich jeder Mensch nur mit äußerster Vorsicht herantraut. Es geht um den Ort des Todes und um unseren Weg dorthin. Es gibt viele Weisen mit dem Blick ins Dunkel umzugehen. Man kann zynisch werden: „dann ist sowieso alles aus und egal". Oder materialistisch denken: „da ist dann nichts mehr als die ganz normale Vergänglichkeit im Kreislauf der Natur". Man kann viel und wenig hoffen, Wiedergeburt, Aufgehen im Kosmos und Wolke 7. Was auch immer wir hoffen, glauben, träumen, was uns Angst macht und was uns wütend macht am Blick auf den eigenen Tod – Karsamstag ist der Tag, an dem wir uns vor Augen führen können, dass Jesus von Nazareth durchgestanden hat, was der Tod dem Leben antut.

Das ist eine Solidarität, die eigentlich unter allen Menschen gilt. Wir wissen voneinander, wie zerbrechlich wir sind. Leben ist kostbar und jedes Leben ist einzigartig. Und das gilt nicht nur auf der

Ebene menschlicher Individualität, sondern es gilt für alles, was da ist, was existiert, was lebt.

So ist der Karsamstag ein Tag, an dem diese Zartheit und Zerstörbarkeit für einen Moment aufblitzt. Trauer ist das Gefühl, das dem entspricht. Ehrliche Trauer angesichts der Verluste, die wir immer wieder hinnehmen müssen, bis wir selbst gehen werden.

Karsamstag ist auch der Tag, in dessen tiefer Nacht Ostern anbricht. Wenn alles im Dunkeln liegt, dann kommt der Stein ins Rollen.

So ein Hefezopf, der wird aus drei Strängen geflochten. Ein Symbol für die Einheit und Dreiheit Gottes. Man kann auch einen Viererzopf flechten, dann ist noch Maria symbolisch mit integriert. Und der schwierigste Hefezopf ist der, dessen Boden ein Viererzopf bildet, darauf liegt ein Dreierzopf und oben schließt die kunstvolle Pyramide mit einer Kordel ab. Als mir dieses Kunststück einmal gelungen ist, war ich so angetan, dass ich ihn Ostern gar nicht anschneiden wollte. Er war aber auch so groß, dass man eigentlich bis Pfingsten von ihm hätte essen können.

Lichtblick für Ostersonntag, 12. April

Für mich hat der Ostersonntag viel mit „geschärften Sinnen" zu tun. Und das hängt mit dem frühen Aufstehen zusammen, denn wenn man an einer Osternachtsfeier mitwirkt, die um halb sechs oder sechs Uhr beginnt, dann schläft man wenig. Wenn ich in diesem Frühgottesdienst singe, dann bin ich aufgeregt und komme gut vorher in der Kirche an und taste mich durch die nur von Teelichtern beleuchtete Münsterkirche bis zur Treppe auf den Hochchor. Und es wird Ostern, wenn ich die schwere Osterkerze trage und auf den Altar zugehe und singe: „Christus, Licht der Welt". Sehen, Hören und Fühlen sind dann schon höchst aktiviert, und das Schmecken und Riechen kommt später beim Osterfrühstück in der Krypta dazu.

Alle fünf Sinne beieinander zu haben, das ist ein echtes Ostererlebnis. Und so feiern wir dieses Fest ja auch, als ein Fest des Lebens, des Wiederfindens, der Wunder und der Liebe.

Und es gehört ja auch noch der Sinn für Humor zum Osterfest. Den Tod auszulachen ist ein risikoreiches Unternehmen.

Die Welt ist mir ein Lachen mit ihrem großen Zorn,
sie zürnt und kann nichts machen, all Arbeit ist verlorn.
Die Trübsal trübt mir nicht mein Herz und Angesicht,
das Unglück ist mein Glück, die Nacht mein Sonnenblick."

So dichtet Paul Gerhardt in seinem Osterlied (EG 112, 5). Durch Ostern wird alles umgewertet, die Regeln der Welt sind auf den Kopf gestellt. Er schreibt das am Ende des 30jährigen Krieges, als die machtpolitische Gesamtsituation noch unklar war und Teile Zentraleuropas verwüstet und entvölkert waren. Es ist ein fast apokalyptischer Sinn für Humor, den der große Glaubenslieder-Dichter uns besingen lässt.

Aber auch wir in unserer jetzigen Situation sollten diesen Humor der Oster-Revolution aufbringen. Wir wissen nicht genau, wie es weitergehen wird. Wir wissen aber, dass, egal, was für Kapriolen der Lauf der Zeit noch schlägt, wir diejenigen sein sollen, die sagen können: Wer zuletzt lacht, lacht am besten:

Dann wird unser Mund voll Lachens und unsre Zunge voll Rühmens sein. Da wird man sagen unter den Völkern: Der Herr hat Großes an ihnen getan! Der Herr hat Großes an uns getan; des sind wir fröhlich. (Ps 126, 2–3)

Nach dem Frühgottesdienst an Ostern mit Osterfrühstück kann es sein, dass man als Pastorin auch noch um 10 Uhr einen weiteren Gottesdienst feiert. Und danach tritt ein eigenartiger Zustand ein, den mein Vater, gestandener Pastor, einmal so umschrieb: „Der Herr mag auferstanden sein, aber ich leg mich jetzt erst einmal hin."

Auf all das müssen wir heute leider verzichten. Wir wissen, was wir vermissen und hoffen auf das nächste Jahr.

Christus ist auferstanden! Er ist wahrhaftig auferstanden! Halleluja

Lichtblick für Ostermontag, 13. April

Die Grabung des Stadtarchäologen Markus Wehmer auf dem Baugelände unseres neuen Gemeinde-
saales ist jetzt abgeschlossen. Es ließen sich, auch
für meine Laien-Augen, deutlich erkennbar Schich-
ten abgrenzen. Die unterste Siedlungsschicht
stammt aus der Eisenzeit, und Markus Wehmer da-
tiert sie auf 500 vor Christus. Es zeigten sich Gruben
und Pfostenlöcher und Tonscherben, das Datie-
rungs-Alphabet der Archäologen. Zu dieser Zeit haben also schon Menschen in Einbeck gelebt und
Häuser gebaut.

Und nun sind wir dran. Wir bauen ein Gemeinde-
zentrum im Zentrum von Einbeck. Tatsächlich gibt
es dann eine Art geistliches Dreieck zwischen der
Münsterkirche St. Alexandri plus Gemeindezen-
trum, der katholischen Pfarrkirche St. Josef samt
Gemeindesaal und der Marktkirche St. Jacobi – alles in der historischen Mitte unserer Stadt. An
Dienstag geht es los mit den Erdarbeiten für den
Saalbau, den Gartensaal.

Die biblischen Ostertexte, die durch meinen Kopf
wandern, lösen lauter Assoziationen zum Bauge-
schehen bei mir aus.

„Gartensaal" – so nennen wir vom Gemeinde-
haus-Neubau-Ausschuss inzwischen den Neubau.
Und da taucht sofort das Bild von Maria Magdalena
auf, die vor Trauer über Jesu Tod den auferstandenen Herrn nicht wiedererkennt, sondern ihn für –
ausgerechnet – einen Gärtner hält. (Letztlich irgendwie zu Ehren all der Menschen, die leiden-
schaftliche Gärtnerinnen und Gärtner sind ...) Und
wenn ich da weiterdenke, dann kommt sofort ein

mittelalterlicher Holzschnitt vor meinem inneren Auge zum Vorschein. Dort ist diese Szene zwischen Jesus und Maria Magdalena so dargestellt, dass Jesus etwas in der Hand trägt, das wir heute „Multifunktions-Tool" nennen würden. Oben ist es das Kreuz und die Siegesfahne, unten allerdings ein Spaten.

Szenenwechsel: Dann ist da nämlich noch der Osterpsalm:

Der Stein, den die Bauleute verworfen haben, ist zum Eckstein geworden. Das ist vom Herrn geschehen und ist ein Wunder vor unsern Augen. Dies ist der Tag, den der Herr macht; lasst uns freuen und fröhlich an ihm sein. O Herr, hilf! O Herr, lass wohlgelingen!

Psalm 118,22–25

Jesus Christus ist und bleibt der Eckstein unserer Vorhaben, jetzt auch beim Bau des Gartensaals und der Renovierung des Altbaus. Es ist ein gutes Zeichen, dass wir mit dem Bau endlich beginnen können, in der Osterwoche Anno Domini 2020 und mit dem Wunsch von Vers 25.

Ich werde jetzt sehr oft einen Spaziergang zur Baustelle Stiftplatz 9 machen und gucken, was gerade passiert. Spaziergänge, die wir auch in Corona-Krisenzeiten nicht vernachlässigen dürfen, sind dann noch das Thema des Evangeliums am heutigen Ostermontag. Aber dazu gibt es eine wohlgelungene Andacht von Kollegin Mingo Albrecht und Vikar Andreas Bartholl auf unserer Website.

Einen sonnigen Ostermontag im Garten und unterwegs auf einem Spaziergang Ihnen und Euch!

Losung und Lehrtext am 14. April

Meine Gerechtigkeit ist nahe, mein Heil tritt hervor, und meine Arme werden die Völker richten.

Jesaja 51,5

Gelobt sei Gott, der Vater unseres Herrn Jesus Christus, der uns nach seiner großen Barmherzigkeit wiedergeboren hat zu einer lebendigen Hoffnung durch die Auferstehung Jesu Christi von den Toten.

1. Petrus 1,3

Heute, am ersten Werktag der Osterwoche, ist die Losung wieder ein Prophetenspruch. Das Faszinierende an Prophetensprüchen ist ja, dass sie immer wieder neu, durch die Zeiten hindurch, an Bedeutung gewinnen. Sie sind zwar von einem Propheten auf eine bestimmte Situation hin ausgesprochen worden, aber bis heute helfen sie beim Verständnis neuer Zusammenhänge.

Prophetie hat immer etwas Erhellendes oder Kritisches an sich, meistens beides. Deshalb wurde sie auch gesammelt und ergänzt und weitergegeben. Ihre religiöse Würde liegt wohl darin, dass sie sich nicht erschöpft. Der Prophet selbst, seine Zeit, sein Anliegen, seine Persönlichkeit sind längst vergangen. Aber die Worte, die er als Wort Gottes ausgerichtet hat, sie wirken weiter. Sie sind, wie im Lehrtext anklingt, lebendig. Sie haben ein lebendiges Hoffnungspotential.

Stichwort „Gerechtigkeit": Gottes Gerechtigkeit steht immer im Konflikt mit unseren Ungerechtigkeiten. Nach dem Osterfest müssen wir uns wieder verstärkt diesem Anspruch der Gerechtigkeit zuwenden. Es geht nicht, dass seit Wochen nur ‚erwogen' wird, dass EU-Länder unbegleitete und kranke Minderjährige aus den griechischen Flüchtlingslagern aufnehmen! Wir Christen müssen jetzt massiv fordern, dass endlich etwas passiert. Wir können jetzt konkret die Hilfsorganisationen unterstützen, die dort arbeiten und die Menschen in ihrem ausweglosen Schicksal begleitend beistehen – wenigstens das!

Stichwort „Heil": Das österliche Heil, das wir gerade feiern, ist kein sakrales Museumsstück, sondern eben „lebendige Hoffnung", wie die Hefe im Teig des Hefezopfs. Wir wissen nicht, wie oder was Auferstehung sein wird, aber wir haben das Beispiel Jesu: So wie er gelebt hat vor seiner Auferstehung, so sind wir jetzt die aktuellen Zeugen und Akteure dieser „lebendigen Hoffnung".

Dazu abschließend ein Gedicht von Kurt Marti, einem Schweizer Pastor und Dichter. Er bringt die Sache auf den Punkt:

Ihr fragt
wie ist die auferstehung der toten?
ich weiß es nicht

ihr fragt
wann ist die auferstehung der toten?
ich weiß es nicht

ihr fragt
gibt's
eine auferstehung der toten?
ich weiß es nicht

ihr fragt
gibt's
keine auferstehung der toten?
ich weiß es nicht

ich weiß
nur
wonach ihr nicht fragt:
die auferstehung derer die leben

ich weiß
nur
wozu Er uns ruft:
zur auferstehung heute und jetzt

(Kurt Marti, Leichenreden, Frankfurt a.M. 1976, 25.)

Losung und Lehrtext am 15. April

Der HERR, dein Gott, ist bei dir gewesen. An nichts hast du Mangel gehabt.

5. Mose 2,7

Paulus schreibt: In allem erweisen wir uns als Diener Gottes: in großer Geduld, in Bedrängnissen, in Nöten, in Ängsten; als die Traurigen, aber allezeit fröhlich; als die Armen, aber die doch viele reich machen; als die nichts haben und doch alles haben.

2. Korinther 6,4.10

Was gestern undenkbar war, ist heute Normalität. Gestern gab es das Vermummungsverbot und das Verbot von Ganzkörperschleiern, heute gilt das Gebot des Mundschutzes in der Öffentlichkeit und wird von Politikern propagiert. Gestern war der Besuch bei den Eltern Herzenssache, heute sind wir vorsichtig diejenigen zu besuchen, denen wir besonders verbunden sind. Gestern war ein Frisörbesuch Routine, heute ist er nicht möglich.

Der Vergleich „vorher–nachher" hilft, uns immer wieder in der fremden Gegenwart zurecht zu finden. Im eigenen Gefühlshaushalt herrscht da noch Chaos. Aber vielleicht kann die heutige Losung den Blick zurück schärfen. Sie stammt aus dem Buch Deuteronomium, das sich u.a. mit den Problemen der langen Wüstenwanderung des Volkes Israel beschäftigt. Da ist schon eine zweite Generation herangewachsen, die den Beginn in Ägypten gar nicht erlebt hat. Mose gibt weiter, was Gott sagt und erinnert so das Volk an die Geschichte der Treue Gottes.

Beim Rückblick ziehen wir oft Bilanz – und das ist eine Strategie der Versöhnung, so meine ich. Denn die meisten Erinnerungen sind eher positiv gefärbt. Das Stichwort lautet „eigentlich": „Eigentlich ging es uns wirklich nicht schlecht. Eigentlich hatten wir oft Glück, eigentlich hat sich vieles zum Guten gewendet." Selbst das Negative kann im Rückblick in ein positives Ergebnis münden: „Wenn das nicht gewesen wäre, wären wir heute nicht hier."

Paulus, der reichlich Ärger in seiner Missionstätigkeit erlebt hat und das auch in seinen neu gegründeten Gemeinden, kann seine paradoxen Erfahrungen einfach so nebeneinander gelten lassen. So wie es ja auch im Alltag alles erst mal völlig unvermittelt erlebt wird. Die Klammer dafür ist seine Berufung als Diener Gottes.

Wir Kinder Gottes können vielleicht unsere Bilanzen gelassen ziehen, denn der Erfolg liegt in Gottes Hand. Ein bisschen Vertrauen reicht schon. Das Ende ist unweigerlich gut. Alles andere sind Zwischenbilanzen, die sich wieder relativieren.

Realismus, Kritikfähigkeit, Gerechtigkeitsempfinden und Lebensfreude bleiben bei dieser Haltung nicht auf der der Strecke. Denn es liegt in unserer Hand, wie wir uns im Einzelnen zu allem verhalten. Das ist die je individuelle Schwankungsbreite zwischen „nichts haben und doch alles haben". Und in diesem Punkt vertraut Gott uns. Er ist auch der Hüter unserer Freiheit.

Losung und Lehrtext am 16. April

Weh denen, die weise sind in ihren eigenen Augen und halten sich selbst für klug!

Jesaja 5,21

Wir haben nicht empfangen den Geist der Welt, sondern den Geist aus Gott, damit wir wissen, was uns von Gott geschenkt ist.

1. Korinther 2,12

Vielleicht muss man das heutige Losungs-Lehrtext-Paket von hinten her aufdröseln:

Gottes Geist stiftet das Bewusstsein für das, was wir von Gott geschenkt bekommen haben. Glaube ist ein Geschenk. Und das bedeutet, wir können nichts für unseren Glauben. Wir können ihn nicht gegen andere Menschen ausspielen. Er schenkt uns auch keinen Überlegenheitsanspruch, denn er ist unverfügbar. Das merken wir, wenn wir ihn vermissen, wenn er schal und schwach wird, wenn der Glaube gegen uns arbeitet – das ist schließlich das, was man „Anfechtung" nennt. Glaube vertritt in uns die Ansprüche Gottes, setzt sich mit unserem Verstand auseinander, fordert unsere Gefühlswelt und unser Verhältnis zu anderen Menschen.

Geist der Welt kann alles Mögliche sein. Er braucht eine Plattform bzw. ein Medium. Klatsch und Gespräche, Zeitungen und Bücher, Fernsehen, Radio und natürlich das Internet. Am Geist der Welt wirken wir alle mit. Unsere Ängste und Vorurteile, Wünsche und Abneigungen, unser Machtbewusstsein und unsere Schwächen und unsere Sehnsucht nach Anerkennung; sie befeuern den Geist der Welt und seine sich schnell wandelnde schöne Gestalt.

Jesaja warnt uns nun im heutigen Losungs-Vers davor, kritiklos mit der eigenen Meinung über alles und jeden umzugehen. Und das gilt seit Jesajas Zeiten und überhaupt. Fake News sind da ein Beispiel, das sofort einleuchtet. Und der Papst der Fake News ist im Moment der Präsident der USA. Aber andere holen auf, Politiker und Meinungsmacher in Strukturen, auch demokratischen, die den Leuten in manipulativer Absicht mit Bausteinen einer machtpolitischen Propaganda zu ihren Gunsten den Kopf verdrehen.

Das hat es immer gegeben, und es war in schwierigen Zeiten das Symptom einer Krise.

Wie geht man damit um, und wie geht man dem nicht auf den Leim? Zu Zeiten von Ostblock und Kaltem Krieg gab es die Radio-Eriwan-Witze. Sie entlarvten lässig ideologische Propaganda-Techniken:

„Frage an Radio Eriwan: Ist es möglich, während der Corona-Krise an ein kleines Vermögen zu kommen? Antwort: Im Prinzip ja, man muss nur vorher ein großes gehabt haben."

Gesundes Misstrauen gegenüber verbaler Großspurigkeit und eine Portion Humor sind schon mal ein guter Anfang. Und der Prophet Jesaja setzt außerdem auf Selbstkritik und Bescheidenheit.

Lesung und Lehrtext am 17. April

*Sei mir ein starker Hort, dahin ich immer fliehen kann,
der du zugesagt hast, mir zu helfen.*

Psalm 71,3

*Der Herr wird mich erlösen von allem Übel und mich ret-
ten in sein himmlisches Reich.*

2. Timotheus 4,18

Allein am Schreibtisch vor dem Computer und um-
stellt von Losung und Lehrtext kann man viel erleben, wenn man erst einmal anfängt zu googlen ...
zum Beispiel den Begriff „Eskapismus": Damit ist
eine besondere Art von Weltflucht beschrieben,
also etwa wenn man von 3sat auf ZDF umschaltet,
um beim Bügeln Rosamunde Pilcher zu sehen. Dem
Wikipedia-Artikel kann man übrigens entnehmen,
dass das Wort aus dem „Vulgärlateinischen"
stammt und darin das Wort „Cappa" enthalten ist,
die Ordensmütze. Jemand wirft seine Ordensmütze
weg. Es ging also zunächst um die Flucht aus einem
Kloster. Gut auch der Hinweis auf ein Buch von Peter Handke zum Thema mit dem Titel: „Ich bin ein
Bewohner des Elfenbeinturmes (1972)". 2020 können wir alle getrost dasselbe behaupten.

Es gibt eine Hitliste der besten Medien, die den
Eskapismus unterstützen: Altmodisch sind Krimis
und leicht zu lesende Unterhaltungsliteratur, in der
Küche hilft ein Radio, gerade noch im Rennen liegt
der Fernseher, aber das Internet schlägt alles bisher Dagewesene.

Es fällt auf, dass in der Losung für heute Gott
nicht ausdrücklich genannt, sondern einfach vor-

ausgesetzt wird. Und dass die Losungsmacher die Anrede nicht ergänzt haben, ist voll tiefer Weisheit, denn Gott ist kein Medium des Eskapismus. Er ist für uns alternativlos; sich an ihn zu wenden, ist das einzig Mögliche. Glaube stiftet immer diesen Vertrauensvorschuss, der sich über die Lebenszeit selbst hinaus erstreckt.

In unserer aktuellen Situation gibt es viele Brennpunkte, in denen Menschen sich in diesen beiden Versen wiederfinden können. Wer an einem schweren Verlauf von Covid19 leidet, ringt um seinen Atem und mit seiner Angst. Wer als Pflegepersonal und als Mediziner*in sich um schwerkranke Menschen kümmert, hat immer vor Augen, was droht, wenn man sich ansteckt. Angst und Existenzsorgen brechen im Moment bei allen Menschen immer mal wieder auf, besonders abends.

Ein Lieblings-Abendlied von mir ist – neben der unangefochtenen Nr. 1, dem MOND – das Lied „Abend ward, bald kommt die Nacht ..." Dort heißt es: „Jesus Christ, mein Hort und Halt, dein gedenk' ich nun, tu mit Bitten dir Gewalt, bleib bei meinem Ruh'n." Das ist genau die Situation.

Woher wusste die Losungskommission das, damals vor zwei Jahren?

Losung und Lehrtext am 18. April

Der Storch unter dem Himmel weiß seine Zeit, Turtel-
taube, Schwalbe und Drossel halten die Zeit ein, in der sie
wiederkommen sollen; aber mein Volk will das Recht des
HERRN nicht wissen.

Jeremia 8,7

Jesus Christus hat sich selbst für uns gegeben, damit er
uns erlöste von aller Ungerechtigkeit und reinigte sich
selbst ein Volk zum Eigentum, das eifrig wäre zu guten
Werken.

Titus 2,14

Was uns unmittelbar mit diesem Prophetenwort
verbindet, sind die Zugvögel, die dort genannt sind.
Die Störche, die jetzt in Niedersachsen ihr Nest
bauen, ziehen vielleicht im Herbst in großen
Schwärmen über Israel in ihr afrikanisches Winter-
quartier. Auch Schwalben kennen wir und kennt
man in Israel als Zugvögel, allerdings kann der hebräische Begriff auch die Mauersegler beschreiben.
All diese Vögel halten sich an die Regeln Gottes, an
die wunderbaren Rhythmen der Schöpfung. Nur
die Menschen beachten das große Ganze nicht.
Eine alte Klage bei allen, die sich Propheten nennen
dürfen. Obwohl wir uns im Moment, so kommt es
in den Medien irgendwie rüber, auch manchmal
selbst auf die Schulter klopfen dürfen, weil wir die
Corona-Regeln im Prinzip ganz gut einhalten. Unsere mütterliche Bundeskanzlerin lobt uns an diesem Punkt, wenn auch zurückhaltend, damit wir
nicht gleich übermütig werden.

Der Prophet Jeremia erhebt in seinem schönen
Vers eine kritische Stimme, die sich durch die

Jahrtausende hindurch eben nicht erledigt hat.
Neulich habe ich in einem Zeitungsartikel gelesen,
dass man die Argumentationen von Greta Thun-
berg in ihrer Dringlichkeit, sprachlichen Form und
ihrer Vehemenz durchaus mit den Prophet*innen-
stimmen der abrahamitischen Großreligionen ver-
gleichen könne.

Der Lehrtext aus dem Brief an Titus nähert sich
der Sache von einer anderen Seite. Er redet nicht
kritisch, sondern konstruktiv. Und er klärt die Voraussetzungen, unter denen gute Werke zustande
kommen. Klärung und Reinigung spielen eine
Rolle. Und die Auseinandersetzung mit der Wurzel
von Ungerechtigkeit. Sie liegt in uns. Wir geraten
prinzipiell mit uns selbst in Konflikt. In kleinen all-
täglichen Dingen fallen wir oft aus dem Rhythmus,
aber auch ganz grundsätzlich können wir komplett
falsch liegen. Wir tragen dafür die volle Verantwortung. Daraus kann man sich schlecht selbst erlösen.
Jesus Christus ist an dieser Stelle unser hilfreiches
Gegenüber. Er macht uns zu seinen Leuten, die immer wieder eifrig von vorne anfangen können das
Richtige zu tun.

Seit ich Theologin und Pastorin bin, versuche ich
mir und anderen zu erklären, was Sünde ist und wie
sie mit dem Tod Jesu zusammenhängt. Schlüssig ist
für mich die Perspektive der Liebe und der Selbst-
aufgabe, mit der Jesus in den Tod gegangen ist. Von
Opfer mag ich in diesem Zusammenhang nicht
gerne reden. Ich finde, man kann diesem Verständnis am besten anhand des Pulsschlags nachspüren,
der die Arie „Aus Liebe will mein Heiland sterben"
aus der Matthäuspassion von Bach durchzieht.

Losung und Lehrtext am 19. April

Er behütete sein Volk wie seinen Augapfel.

5. Mose 32,10

Fürchte dich nicht, du kleine Herde! Denn es hat eurem Vater wohlgefallen, euch das Reich zu geben.

Lukas 12,32

Die heutige Losung stammt wieder aus dem Deuteronomium, dem 5. Buch Mose. Es ist ein Vers im sog. Lied des Mose, einem sehr kunstvollem Danklied für Gottes Taten. In Psalm 17 findet man die dazugehörige Bitte: „Behüte mich wie einen Augapfel im Auge".

Ich bilde mir ein, dass wir im Moment durch die neuen Erfahrungen, die wir täglich machen, etwas verändert ‚aus den Augen gucken'. Wenn ich andere Menschen treffe, dann sehe ich die Spuren der vielen Umstellungen, der veränderten Lebenssituation, der Sorgen und der Anstrengungen der vergangenen Wochen. Unsere Augen mussten einiges schlucken. Neue Begrüßungsgesten und Abstandsregeln, neue Grenzen, neues Misstrauen, auch neue Formen von Unhöflichkeit oder sogar Aggression. Und meine Augen waren regelrecht erschöpft nach der ersten längeren Sitzung am Computerbildschirm. Ich erinnere mich daran, wie die Augen einer Frau aufleuchteten, als sie am Ostersonntag in die Münsterkirche kam. Ich selbst hatte beim Anzünden eines kleinen Kelchlichtes am Altar Tränen in den Augen.

Jesus sagt: „Das Auge ist das Licht des Leibes. Wenn dein Auge lauter ist, so wird dein ganzer Leib licht sein." Auch das ist eine sehr körperliche Erfahrung, wenn man allein, mit gleichgültiger Miene, dabei aber völlig entspannt, durch die Gegend stapft und dann von jemandem angesprochen wird. Und man merkt, wie sich das eigene Gesicht aufhellt und der Körper sich aufrichtet und korrespondiert: O, ein freundliches Gesicht, wie schön, jemand will etwas von mir ...!

Das hebräische Wort für Auge lautet „Ayin". Und der Name für einen Buchstaben des hebräischen Alphabets, ein kehliger A-Laut, ist auch Ayin. Denn der Buchstabe sieht, wenn man ihn auf die Seite legt, wie ein Auge aus. Er ähnelt dann dem „Horusauge", einem sehr weit verbreiteten Heilungs-Amulett in der ägyptischen Religion. Der dazugehörige Mythos erzählt von der Heilung des Auges des Gottes Horus, das er bei einem Götterkampf verloren hatte.

Diese vorderorientalische Bilderwelt steckt hinter unserer Losung. Gott schützt uns vor Verletzung und Unheil. Er achtet auf uns. Wir sind, wie Jesus im Lukasevangelium sagt, Gottes kleine Herde. Ziemlich verletzbar, auf viel Unterstützung angewiesen, manchmal etwas zerzaust und ängstlich. Wir haben aber einen guten Hirten. Auch in schwierigen Zeiten, eigentlich besonders dann. Und am Ende haben wir ein Zuhause.

Losung und Lehrtext am 20. April

Der HERR sprach: Dazu habe ich Abraham auserkoren, dass er seinen Kindern befehle und seinem Hause nach ihm, dass sie des HERRN Wege halten und tun, was recht und gut ist.

1. Mose 18,19

Befreit von der Sünde und in den Dienst Gottes gestellt, habt ihr die Frucht, die Heiligung schafft, und als Ziel ewiges Leben.

Römer 6,22

In dieser Woche, am 23. April, beginnt der Ramadan, der islamische Fastenmonat. Von Sonnenaufgang bis -untergang wird streng gefastet. Es gibt allerdings auch viele, gut begründete Ausnahmen. Der Ramadan richtet sich nach dem Mondkalender und wandert, immer um elf Tage versetzt, rückwärts durch die Jahreszeiten. Im Moment müssen die Gläubigen also tagsüber ziemlich lange durchhalten. Zu Beginn geht die Sonne um 6:15 auf und um 20:31 unter. Am 23. Mai geht sie um 5:29 auf und um 21:14 unter. Nach Sonnenuntergang darf man wieder gut und gerne essen, der Ramadan ist ein Groß-Familienereignis mit vielen Treffen untereinander.

Der Ramadan wird unter Corona-Bedingungen zu einer traurigen Erfahrung werden. So wie die Juden Pessach ohne Familientreffen am Seder-Abend haben feiern müssen und die Christen in der Karwoche und an Ostern ihre Gottesdienste nicht feiern konnten.

Wir alle sind Abrahams und Saras Kinder: Jüdinnen und Juden, Christinnen und Christen, Muslimas und Muslime. Und wie in jeder Familie gibt es unter den Geschwistern Konflikte. Zum Beispiel um die Rollenverteilung. Wer ist die große, vernünftige Schwester, wen liebt die Mutter am meisten, wer geht immer seine eigenen Wege, wer möchte das schwarze Schaf sein?

Abraham und Sara haben es auch nicht einfach miteinander. Es gibt zwei Söhne: der ältere, Ismael, stammt von der Sklavin Hagar, er verlässt erbost die Familie. Den Sohn Isaak bekommt Sara, als sie schon lange nicht mehr damit gerechnet hatte. Insgesamt ein ganz normales Familienchaos. Und trotzdem ist Abraham der Stammvater einer unglaublichen Geschichte des Segens und der Hoffnung auf Heil.

Man kann auch anders auf die abrahamitischen Religionen blicken. Sie haben sich bei weitem nicht immer auf den in der Losung angesprochenen Wegen des Herrn befunden, und die Weltgeschichte ist bis in unseren Alltag voll von Beispielen, in denen Gläubige ungerecht und schlecht gehandelt haben.

Auch wir müssen unser Teil zur Glaubwürdigkeit Abrahams und seiner Nachkommen beitragen. Es gilt der 1. Vers des 133. Psalms: „Siehe, wie fein und lieblich ist's, wenn Brüder einträchtig beieinander wohnen!" Diesen Vers konnte man mit ironischen Untertönen manchmal bei Streitereien am Abendbrottisch hören, und meine Schwester und ich haben uns dann zurückgelehnt und gesagt: „Stimmt, wir sind sowieso immer nett!"

Für die großen Konflikte reicht das nicht. Da fehlt noch auf allen Seiten, an alle Fronten viel an Befreiung von der Sünde und den Früchten der Heiligung.

Losung und Lehrtext am 21. April

Sie zogen Daniel aus der Grube heraus, und man fand keine Verletzung an ihm; denn er hatte seinem Gott vertraut.

Daniel 6,24

Wachet, steht im Glauben, seid mutig und seid stark!

1. Korinther 16,13

Vorgestern, als ich über den Lehrtext nachdachte, fiel mir auf, dass die Bilder von der Herde und ihrem Hirten immer auch etwas leicht Entmündigendes in sich tragen. Natürlich darf Gemeinde auch Kuschelgruppe sein. Und unser Gottesbild stellt uns Gott zurecht als überlegen dar im Vergleich zu den Machtansprüchen aller sogenannten Machtmenschen der Welt. Diese dort verborgene Kritik gefällt mir sehr. Der älteste Gebetsruf, den die ganz junge Christenheit für den auferstandenen Jesus hat, ist eben auch „Kyrios / Kyrie", Herr. Darauf kann ich auch vor dem Hintergrund von gendergerechten Interessen nicht verzichten. Er ist der Herr und setzt die Maßstäbe, und die sind ganz anders und neu und gerecht und schließen alle Menschen ein.

Heute aber sind Losung und Lehrtext ganz aus der Perspektive mündiger und selbstbewusst glaubender Menschen gewählt.

Der kluge Machtpolitiker Daniel wird von seinem König Darius in eine Löwengrube eingesperrt, weil er gegen das Gesetz der „Perser und Meder" verstoßen hat. Daniel befand sich in einem politischen Machtkampf, und seine Konkurrenten hatten dieses Gesetz ausschließlich in Kraft gesetzt, um

Daniel der religiösen Illoyalität gegenüber dem Großkönig anklagen zu können. Aus dieser Falle und der Löwengrube kann sich Daniel durch Vertrauen in Gott retten. Die Löwen werden von einem Engel ruhiggestellt und der Großkönig ist hinterher auch dem Gott Daniels sehr dankbar.

Das Daniel-Buch ist das jüngste Buch der hebräischen Bibel. Es ist eine Art „historischer Roman" über den weisen und klugen Daniel im Perserreich, mit vielen apokalyptischen Bilder und Vorstellungen, die im fünften Jahrhundert v. Chr. spielen sollen, aber gleichzeitig gut in die politische Situation des zweiten vorchristlichen Jahrhunderts passen, als das Buch verfasst wurde.

Ganz anders der erste Brief des Paulus an seine Gemeinde in Korinth. Er ist ein realer Brief, geschrieben von Paulus, der sich inzwischen in Ephesus aufhielt. Am Ende der Korrespondenz beginnt Paulus seine Grüße mit den Worten des Lehrtextes.

Das traut er seiner Gemeinde zu. Es fehlt aber noch die Fortsetzung: „All eure Dinge lasst in der Liebe geschehen." Das ist mündiger, selbstbewusster Ausdruck des Glaubens. Wach blieben, wissen, was man glaubt, mutig und stark dazu stehen und alles in Liebe erleben, aushalten, gestalten.

Gerade in schwierigen Zeiten schwanken Menschen zwischen emotionalen Extremen. Mal fühlen wir uns wie die kleine Herde, „Gottes Gurkentruppe", wie es 2019 auf dem Abschlussgottesdienst des Kirchentags in Dortmund so treffend hieß. Und mal sind wir Bürger*innen Korinths, denen Paulus alles zutraut: Mut, Glaubensüberzeugung, Gegenwartsbezug und die Kraft der Liebe.

Losung und Lehrtext am 22. April

*Ich schwor dir's und schloss mit dir einen Bund, spricht
Gott der HERR, und du wurdest mein.*

Hesekiel 16,8

*Ihr seid alle durch den Glauben Gottes Kinder in Christus
Jesus.*

Galater 3,26

Es geht auf den Mai zu, und das ist daran zu merken, dass sehr viele Hochzeiten abgesagt werden.
Es ist müßig sich aufzuzählen, was im Moment
nicht geht – Hochzeiten gehören aber auf jeden Fall
dazu. „Immerhin kann ich jetzt aufhören Diät zu
machen", sagte eine betroffene Braut zu mir, „dann
muss ich mich eben nächstes Jahr wieder in mein
Kleid hungern." Das ist der jetzt gut geübte Corona-
Sarkasmus.

Der Losungsvers von heute bearbeitet auch dieses Thema. Der Prophet hört Gott wie einen verlieb-
ten Bräutigam sprechen, der allerdings mit seiner
schönen Braut herbe Enttäuschungen erleben
muss. Das ganze 16. Kapitel des Hesekiel-Buches
spricht davon in ausgesprochen lebhaften und auch
drastischen Schilderungen. Man kann sagen, dass
die Losungskommission sich zielsicher den einzi-
gen zitierbaren Vers ausgesucht hat. Vor weiterer
Lektüre wird ausdrücklich gewarnt!

Aber dieser eine Vers bringt zum Ausdruck, dass
Gott sich in diese Frau, um die es geht, verliebt hat.
Es ist ein hoch symbolisches Bild, eine Allegorie für
Jerusalem und das kritikwürdige Verhalten der
herrschenden Oberschicht in den politischen und

sozialen Verhältnissen des 6. vorchristlichen Jahrhunderts. Und dennoch ist hier von Gottes Solidarität die Rede. Und dann im Folgenden und überhaupt auch von Gottes Zorn.

Wie ist das eigentlich mit unserem Zorn? Mit unserer Hilflosigkeit gegenüber der Situation? Bei Telefongesprächen oder zufälligen Begegnungen frage ich immer freundlich-pastoral: Wie geht es Ihnen/Dir? Und dann spüren wir gemeinsam im Gespräch, wie stark der Druck unserer sorgfältig moderierten Gefühle sein kann. Natürlich spricht man diese Dinge nicht gleich direkt an. Aber unter der Oberfläche brodelt es doch: „Wie lange soll das jetzt noch gehen? Ich will mein altes Leben zurück, ich will meine Eltern besuchen, ich habe Angst krank zu werden und nicht zu denen zu gehören, die gut durch die Infektion kommen. Ich kann nicht mehr schlafen ...“

Freundlich hören wir uns gegenseitig zu bei dem, was wir lieber nicht so deutlich zum Ausdruck bringen. Gleichzeitig, und darauf spielt der Lehrtext aus dem Galaterbrief an, wissen wir, dass wir, viel stärker als sonst, alle im gleichen Boot sitzen. Vieles muss man eben gar nicht sagen.

Gott kann jedenfalls Zorn verstehen, Jesus hat Zorn erlebt und ihm auch nachgegeben. Wir können uns untereinander bestätigen, dass es Grund gibt zornig zu sein. Und dass wir alle nur gemeinsam wieder aus dieser Zeit des Zorns herausfinden können. Vielleicht ist er auch eine Form der Energie, die uns dazu bringt durchzuhalten.

Losung und Lehrtext am 23. April

Ich habe dich bereitet, dass du mein Knecht seist. Israel, ich vergesse dich nicht!

Jesaja 44,21

Werft euer Vertrauen nicht weg, welches eine große Belohnung hat.

Hebräer 10,35

Die vielen Gedenktage an die Befreiung der Konzentrationslager Buchenwald, Bergen-Belsen, Sachsenhausen und Ravensbrück vor 75 Jahren konnten nicht so wie geplant begangen werden. Es sind Veranstaltungen, bei denen einige Zeitzeugen noch aus eigener Anschauung von ihren Erfahrungen erzählt hätten. Die nachgeborenen jüdischen und nichtjüdischen Deutschen teilen sich dieses Erbe der Erinnerung von Opfern und Tätern, von Verfolgten und Verantwortlichen.

Wir Christen haben deshalb die Aufgabe uns mit der Geschichte von antijüdischer und antisemitischer Bibelauslegung auseinanderzusetzen. Gestern las ich einen Artikel über die neue Bibelübersetzung der dänischen Bibelgesellschaft. In ihr ist der Begriff „Israel" fast sechzig Mal gestrichen worden: „Das Wort Israel wurde dabei unter anderem mit »Juden« oder »Land der Juden« übersetzt." Auf Rückfrage gab die Bibelgesellschaft an, „eine mögliche Verwechslung zwischen dem jüdischen Volk und dem Staat Israel solle ausgeschlossen werden." Allerdings sind „die Namen anderer in der Bibel erwähnter Länder wie etwa Ägypten oder Libyen (...) in der dänischen Übersetzung nicht geändert worden." (Jüdische Allgemeine, 22.04.2020)

Donnerstag, 23. April 2020

Die Losung für heute redet von Israel. Und von einer Beziehung zwischen Gott und seinem Volk, die von Gott gestiftet wurde. Es geht um Erwählung, um eine einzigartige Beziehung. Dieses Prophetenwort stammt ursprünglich aus der Zeit des persischen Königs Kyros, der das Ende der babylonischen Gefangenschaft der Juden im fünften vorchristlichen Jahrhundert durch seine Eroberungspolitik einleitet. „Knecht" ist die Übersetzung Martin Luthers für ein hebräisches Wort, das von „Sklave" bis „leitender Staatsbeamter" oder „Vizekönig" alles bezeichnen kann, was ein Abhängigkeitsverhältnis darstellt. Hier bedeutet es eine Auszeichnung durch Gott: „mein Knecht, mein Volk".

Dadurch, dass die Tageslosung immer aus der hebräischen Bibel, dem Alten Testament, stammt, werden mir täglich auch politische Dimensionen unserer Auseinandersetzung mit einzelnen Versen deutlich. Heute finde ich deshalb, dass der reale Staat Israel und seine Politik in der Gegenwart nicht Anlass sein kann, einfach die biblischen Texte zu korrigieren und zu kürzen.

Unser Glaube an Jesus Christus verbindet uns mit den Schriften des Alten Testament, denn er war Jude, und wir glauben, dass er seine Gottesbeziehung auch für uns eröffnet hat.

Sein Vertrauen in Gott ist auch unser Vertrauen in Gott.

Seine Gebete sind auch unsere Gebete geworden.

Sein Gott hat mit ihm auch uns in sein Herz geschlossen, so glauben und hoffen wir.

Losung und Lehrtext am 24. April

HERR, gedenke doch an deinen Bund mit uns und lass ihn nicht aufhören!

Jeremia 14,21

Gott ist treu, durch den ihr berufen seid zur Gemeinschaft seines Sohnes Jesus Christus, unseres Herrn.

1. Korinther 1,9

Dies ist der 37. Gedankensplitter, wenn man die „Lichtblicke" auch mitrechnet. Und ich denke ans Aufhören. Allerdings möchte ich noch bis Montag weitermachen, dann wären es vierzig Beiträge. Vierzig Tage hat Jesus in der Wüste gefastet und gebetet. Und wir Christen hier in Einbeck sind auch seit fast vierzig Tagen unterwegs auf fremdem Terrain. Gemeinde – ganz anders und wie ausgetrocknet. Keine Treffen, keine Gottesdienste, keine Sitzungen, keine Abendandacht, keine Konfirmationsgottesdienste, keine Andachten in den Seniorenheimen, kein Karfreitag und kein Ostern, keine Chorproben. Wer soll das aushalten?

Offensichtlich wir, und wir können es auch. Wir lernen uns von einer neuen Seite kennen. Wir sind alle Kinder des Wohlstands. Auch, wer nicht zu den oberen Zehntausend gehört, hatte viel mehr Möglichkeiten der Verwirklichung als die Generationen vor uns. Und die Über-Achtzigjährigen, die noch Kriegs- und Nachkriegszeit miterlebt haben, erinnern sich und die Nachgeborenen ja oft daran, wie es war, als Angst und Mangel, Lebensunsicherheit und Perspektivlosigkeit herrschte.

Heute sorgen wir uns um diese Mitmenschen, Eltern und Großeltern, die von der Corona-Krise sehr bedroht und betroffen sind. Das Ganze wird sich noch hinziehen, und wir werden uns an die vielen kleinen Änderungen gewöhnen, damit wir das Risiko für die Älteren unter uns verringern können.

Die heutige Losung bittet Gott, dass er mit seiner Solidarität nicht aufhören möge. So ein Bund mit Gott bewährt sich besonders in schwierigen Zeiten. Im Gebet können wir uns vergewissern. Gott an seine Versprechen zu erinnern, ist eine lang geübte Gebetstradition. So hat auch Jeremia diese Gebetszeilen überliefert:

„Wir hofften, wir sollten heil werden; aber siehe, es ist Schrecken da. ... HERR, gedenke doch an deinen Bund mit uns und lass ihn nicht aufhören!

Wissenschaftler an sehr vielen Orten arbeiten hart daran einen Impfstoff zu entwickeln, durch den sich die Infektion mit Covid19 vermeiden lässt. Solang es diese Impfung noch nicht gibt, müssen wir den Maßnahmen treu bleiben, die bisher das Schlimmste verhindert haben. Es wird also noch weitergehen mit den anderen Zeiten, die wir gerade erleben.

Die Gemeinschaft mit Jesus Christus, an die uns der Lehrtext erinnert, kann so eine Art Gemeinschaft der Treue untereinander und gegenüber Gott werden. Und auch, wenn wir müde werden und Angst bekommen, bleibt Gott selbst uns doch treu.

Losung und Lehrtext am 25. April

Der HERR wird sich wieder über dich freuen, dir zugut, wie er sich über deine Väter gefreut hat.

5. Mose 30,9

Jesus spricht: Wenn ihr meine Gebote haltet, bleibt ihr in meiner Liebe, so wie ich meines Vaters Gebote gehalten habe und bleibe in seiner Liebe. Das habe ich euch gesagt, auf dass meine Freude in euch sei und eure Freude vollkommen werde.

Johannes 15,10–11

Es gibt ein Spiel auf Twitter, es heißt „Evangelium nach twitter. Nimm die erste Hälfte deines Konfi/taufspruches und lass dein Handy den Vers vollenden ..." Dabei kann man erstaunliche Ergebnisse erzielen:

> „Dein Wort ist meines Fußes Leuchte – und die deutsche Post." Nach Ps 119
> „Mit meinem Gott kann ich – mir auch noch ein paar schöne Tage machen." Nach Ps 18
> „Und wenn ich prophetisch reden könnte – und was du willst, dann kannst du bitte nachher noch mal was sagen." Nach 1. Kor 13
> „Mache dich auf und werde licht – und dann schauen wir, ob wir uns bald wiedersehen." Nach Jes 60
> „In der Welt habt ihr Angst, – aber das ist ja auch nicht so schlimm." Nach Joh 16

Darüber habe ich mich sehr gefreut, denn ich musste ziemlich lachen. Und Freude ist ja auch Thema in unseren beiden Versen heute. Jesus gibt seine Freude den Jüngerinnen und Jüngern weiter.

Die Freude ist eine Reaktion auf die Liebe, die sowohl ihn, als auch alle einschließt, die mit ihm übereinstimmen. Auch in der Losung geht es um Gottes Freude an den Menschen, die sich ihm zuwenden.

Dass Jesus, wie jeder Mensch, zu Freude und Humor in der Lage war, ist nicht verwunderlich. Obwohl es auch theologische Traditionen gab, die ihm diese menschliche Eigenschaft nicht als erstes zuschreiben wollten. Freude und Humor schaffen Momente der Leichtigkeit und der Selbstüberlistung. Man muss spontan lachen, auch wenn sonst gerade kein Anlass besteht. Und das ist dann ein Grund zur Freude. Es gibt auch diese stille Lebensfreude, wenn gerade alles im Lot ist, goldene Momente der Harmonie, vielleicht über einem Cappuccino. Und dann haben wir auch eine pompöse, staatstragende Variante: Einen „Götterfunken" nennt Friedrich Schiller die Freude, eine „Tochter aus Elysium", aus den Feldern der Seligen in der griechischen Mythologie.

Gott selbst freut sich an Menschen, und das bedeutet im Effekt, dass dann unser Verhältnis zu ihm gut ist. Diese Verhältnisbestimmung zwischen Gott und seinen Menschen prägt alle biblischen Texte, besonders die der hebräischen Bibel. Wir Menschen müssen offenbar immer wieder darauf aufmerksam werden, dass Gott oft keine Freude an uns haben kann. Denn es gibt Kriterien für Gottes Freude, und die sind, wie Jesus sagt, in seinen Geboten zu finden. Es sind Gebote, deren Einhaltung Liebe und Freude freisetzt. Davon wünsche ich uns für heute viel.

Losung und Lehrtext am 26. April

Adam versteckte sich mit seiner Frau vor dem Angesicht Gottes des HERRN.

1. Mose 3,8

Ihr habt nicht einen Geist der Knechtschaft empfangen, dass ihr euch abermals fürchten müsstet; sondern ihr habt einen Geist der Kindschaft empfangen, durch den wir rufen: Abba, lieber Vater!

Römer 8,15

Vor einigen Jahren habe ich hier in der Münsterkirche einen Gottesdienst mit Schülerinnen und Schülern gefeiert, die von der Grundschule auf die weiterführende Schule wechselten. Es gab als Geschenk eine Karte, auf der ein Chamäleon zu sehen war, es war sehr bunt und hübsch und guckte intelligent. Und darunter stand der Satz: „Du kannst dich sehen lassen!"

Sich in einer neuen sozialen Situation mit anderen zurecht zu finden, ist ja wirklich nicht einfach. Und die Methode, so zu verblassen, dass man vor der Raufasertapete praktisch verschwindet, ist weiter verbreitet als die Rolle des Klassenclowns oder der Klassenbesten.

Unsere heutige Losung verkompliziert die Sache dadurch, dass es sich um eine der ersten sozialen Konflikt-Situationen im Alten Testament und überhaupt handelt. Gerade hat sich Adam von seiner Frau Eva anregen lassen, auch vom Baum der Erkenntnis eine Frucht zu probieren. Und gleich lernen sie, was es bedeutet sich schämen zu müssen. Sie verstecken sich vor Gott. Den Rest kann man in der Geschichte vom Sündenfall nachlesen. Scham ist die intuitive Reaktion auf Fehlverhalten oder große Unsicherheit.

Um mit diesem Vers als Losung etwas anfangen zu können, muss man schon auf den Lehrtext zurückgreifen. Er spielt auf eine völlig andere Situation an, nämlich auf die Taufe. Jede Taufe nimmt vorweg, dass es bei den Getauften zu keiner beschämenden Situation vor Gott mehr kommen kann. Gott sieht in uns seinen Sohn Jesus Christus und wir können Gott als Vater ansprechen, so wie Jesus es getan hat.

Wenn wir uns also als Christ*innen ernst nehmen, dann können wir uns sehen lassen. Und das soll auch auf unseren Alltag abfärben. Ich persönlich hatte mich gefragt, was ich beitragen kann, als dieses Virus anfing unsere Normalität zu untergraben. Täglich über Losung und Lehrtext für den kommenden Tag nachzudenken, hat mir gutgetan. Ohne die tägliche Redaktions- und Tonmeister-Arbeit von Andreas Bartholl, meistens nachts zu unchristlichen Zeiten übrigens, hätte aber niemand mich auf *youtube* hören können. Lieber Andreas, vielen Dank dafür!

Jetzt, nach vierzig Tagen Wüstenwanderung durch den neuen Alltag, ist es Zeit für uns eine Pause einzulegen. Aber ich überlege schon, wie es weitergehen könnte. Wer Interesse an einer Fortsetzung hat, in etwas veränderter Form, der mag sich gerne bei mir melden. Ich habe mich auch sehr über die bisherigen Rückmeldungen gefreut.

Bleibt behütet, gesund und mutig,

Ihre und Eure Wiebke Köhler